Der Einzelne und das Ganze

Adolf Dresen
Der Einzelne und das Ganze
Zur Kritik der Marxschen Ökonomie
Herausgegeben von Friedrich Dieckmann

Recherchen 93

© 2012 by Theater der Zeit
© für die Texte von Friedrich Dieckmann beim Autor

Die Beiträge auf den Seiten 98ff., 101ff., 112ff. sowie 138ff. sind dem Rechercheband „Wieviel Freiheit braucht die Kunst? Reden Briefe Verse Spiele" von Adolf Dresen entnommen, 2000 erschienen im Verlag Theater der Zeit.

Mit freundlicher Unterstützung der Rosa-Luxemburg-Stiftung

Verlag Theater der Zeit
Verlagsleiter Harald Müller
Im Podewil | Klosterstraße 68 | 10179 Berlin | Germany

www.theaterderzeit.de

Lektorat: Kathrin Merle
Gestaltung: Sibyll Wahrig, Kerstin Bigalke
Umschlagabbildung: Carlfriedrich Claus: Subjektenergie als bohrende Energie: Noch-Nicht-Bewußtes der Natur bewußt machen (1962), aus dem Bestand der Stiftung Carlfriedrich Claus-Archiv © VG Bild-Kunst, Bonn 2012
Druck und Bindung: Tastomat Druck GmbH Eggersdorf

Printed in Germany

ISBN 978-3-943881-04-2

Adolf Dresen

DER EINZELNE UND DAS GANZE

Zur Kritik der Marxschen Ökonomie

Herausgegeben von Friedrich Dieckmann

Theater der Zeit
Recherchen 93

Friedrich Dieckmann
Adolf Dresens Marx-Kritik   7

Adolf Dresen
Zur Kritik der Marxschen Ökonomie   37
Ausbeutung   39
Arbeitsteilung   45
Konkurrenz   53
Krise   61
Kommunismus   67
Freiheit usw.   73

Ergänzungen I

Adolf Dresen
Kritik an Rudolf Bahro   87
(Februar 1976)

Anonymus (Ministerium für Staatssicherheit der DDR)
**Einschätzung zur Ausarbeitung „Zur Kritik der
Marxschen Ökonomie"** (1976)   93

Adolf Dresen
Die Negation des Buddha   98
Brief an Rudolf Bahro
(16. August 1983)

Adolf Dresen
Soziale und technische Revolution   101
Vorbemerkung zur „Kritik der Marxschen Mehrwertheorie"
(2000)

Ergänzungen II

Adolf Dresen
Theater und Erkenntnis 103
Eine nicht gehaltene Rede
(10. September 1974)

Adolf Dresen
Zur Frage der Nation 109
Ein Brief
(30. Oktober 1974)

Adolf Dresen
„Mir blieb das Weder-Noch" 112
Brief an Hans Mayer
(23. August 1987)

Erinnerungen

Friedrich Dieckmann
Saint-Just oder L'esprit de la révolution 117
Beim Wiederfinden alter Papiere

Maik Hamburger
Der Fleischergang nach Bratislava 128
24. September 1977

Editorische Nachbemerkung 136

Lebensdaten Adolf Dresen 138
Inszenierungsverzeichnis Schauspiel 142
Inszenierungsverzeichnis Oper 147

Anmerkungen 153

Adolf Dresen in seiner Wohnung in der Berliner Karl-Marx-Allee bei der Arbeit an seinem Buch „Wieviel Freiheit braucht die Kunst?" (2000), Foto Friedrich Dieckmann

Friedrich Dieckmann

ADOLF DRESENS MARX-KRITIK

Klassiker

Wer ist ein Klassiker? In der Deutschen Demokratischen Republik
wußte man es, diesem langlebigen Gegenstück jenes rheinisch-deut-
schen Freistaats, der, 1792 unter dem Schirm einer revolutionären
Besatzungsarmee gegründet, bereits im folgenden Jahr von einer preu-
ßischen Armee wieder aufgehoben wurde. In Weimar gab es die
*Nationalen Forschungs- und Gedenkstätten der klassischen deutschen
Literatur*, womit die Epoche Goethes im Ganzen gemeint war, in
Berlin aber wurde nach einer Moskauer Vorlage das Werk der beiden
Klassiker des Marxismus-Leninismus herausgegeben, die gesammel-
ten Schriften und Briefe von Karl Marx und Friedrich Engels. MEW,
Marx-Engels-Werke, hieß die Sigle der 43bändigen Ausgabe, deren
blaue Lederoleinbände auch die Bücherschränke eines nicht geringen
Teils der westdeutschen Intelligenzija zierten.

Sind Klassiker jene Autoren, deren Werk die Nachwelt textkriti-
scher Gesamtausgaben würdigt? 1975 begann in Berlin eine neue, nun
wirklich umfassende Werkausgabe zu erscheinen, MEGA (*Marx-
Engels-Gesamtausgabe*) abgekürzt, die nach 1990 in erweitertem Rahmen fortgesetzt wurde und inzwischen bis zum 58. Band (von hun-
dertvierzehn geplanten) gediehen ist. Sind die beiden Autoren damit
endgültig als Klassiker beglaubigt? Der Jenenser Germanist Stefan
Matuschek gibt ein anderes Kriterium für den Klassiker-Status an:
„ein klassischer Autor" sei „derjenige, dessen Geburts- und Sterbe-
jubiläen regelmäßig bedacht werden. [...] Alle diejenigen Namen, die
man mit dem Ausdruck ‚Jahr' verbinden kann, sind vorrangige Klassiker."[1]

Nach diesem Kriterium haben wir, wie in Marx, so auch in Bis-
marck einen Klassiker zu erkennen. 2015 wird zu einem Bismarck-
Jahr werden, um so mehr, als die Lage des vereinigten Deutschlands
in einem fahrlässig fehlkonstruierten Europa aufs neue zu denken
geben wird, und 2018 wird sich als Marx-Jahr entpuppen, hundert
Jahre, nachdem die politökonomische Lehre des Trierer Juristensohns
und Rabbinerenkels in Gestalt der russischen Revolution auf die

Praxis-Probe gestellt wurde, mit Ergebnissen, die das folgende Dreivierteljahrhundert bestimmten.

Adolf Dresen führte das Senkblei der Analyse Mitte der siebziger Jahre in das Innere von Marx' ökonomischer Theorie und bemerkte mit einer Art von Verblüffung, daß diese keine wirklich selbständige Existenz hatte: sie war eine Ausgeburt der Revolutionskonzeption. „Zentrum des Marxschen Werks", schrieb Dresen im Januar 2000[2], „ist seine Revolutionstheorie; sie verbindet seine Philosophie und seine Ökonomie, seine Dialektik und seine Geschichtsauffassung, seine Theorie und seine Praxis […]. Gerade in seiner Revolutionstheorie aber ist Marx gescheitert: er hat eine Revolution vorausgesagt und vorbereitet, die in dieser Weise nicht gekommen ist. Für ihn war die soziale Revolution zugleich eine technische, die Befreiung des Proletariats zugleich eine Befreiung der Produktivkräfte, das Proletariat zugleich die Hauptproduktivkraft. Die Geschichte hat solche Einheit der Revolution nicht bestätigt".

„Ich wollte zeigen", fährt der Autor im Blick auf seine Studie von 1975/76 fort, „daß die Abweichung der historischen Praxis von der Theorie mit dem Fehler der Theorie selbst zusammenfällt. Ein Inkonsistenznachweis läßt sich nur in Marx' ökonomischer Theorie führen, da sie selbst einen Konsistenzanspruch stellt (das ist bei dialektischen Theorien nicht ohne weiteres der Fall) - es ist daher zu beklagen, daß Bahro, Harich, aber auch die Frankfurter Schule sich mit Marx' Ökonomie wenig befaßt haben. Marx' Revolutionstheorie ist in seiner Ausbeutungs- bzw. seiner Mehrwerttheorie enthalten. Eine Kritik dieser Theorie könnte, so hoffe ich, auf eine neue Theorie führen, und diese könnte sich sogar auf Marx berufen, wenn sie die Kritik und die Veränderung der gesellschaftlichen Verhältnisse einschließt. Es wird keine Linke geben, die Marx links liegenläßt."

Marx keineswegs links liegen läßt ein kompendiöses Buch, mit dem Dietmar Dath und Barbara Kirchner unlängst Geschichte und Idee des sozialen Fortschritts ausgebreitet haben[3], und gerade dieses Buch, das auf breiter Front auf Marx rekurriert, macht die Aktualität der Dresenschen Untersuchung deutlich: das Wort Ökonomie sucht man in dem ausführlichen Sachregister vergebens, und wenn man Begriffe wie freie Konkurrenz oder Planwirtschaft aufruft, wird man nur auf beiläufige Erwähnungen stoßen, nirgendwo auch nur ansatzweise auf eine Auseinandersetzung mit dem, was Dresen als *Marxsche Ökonomie* ins Zentrum seiner Analyse – und ins Zentrum des Marxschen

Werkes – stellt. Geht man den zahlreichen DDR-Erwähnungen des Buches nach, so stößt man nur an einer Stelle auf eine relevante Äußerung: in einem Zitat von Wolfgang Pohrt, das im Blick auf den dort praktizierten Sozialismus konstatiert: „Nicht mal präzise bezeichnen ließ sich das Ding, statt *eines* Namens trug es viele: Staatskapitalismus, Kommunismus, realexistierender Sozialismus, Sowjetregime. Es war begrifflich nicht zu fassen, weder Kommunismus noch Kapitalismus, sondern alles zusammen- und durcheinandergewürfelt dergestalt, daß Warenform und Lohnarbeit sich mit der Abdankung des Wertgesetzes vertrugen, dessen Funktion – die eines universellen Regulativs der gesellschaftlichen Produktion – übernommen worden war vom Politbüro, welches folglich die Rolle des absolutistischen Staates im Manufakturzeitalter spielte, das eigentlich seit rund zweihundert Jahren vorbei war."[4] Hier kommt die Marxsche Ökonomie wenigstens indirekt in Sicht, auf eine Weise, die Dath und Kirchner kenntlich überfordert, wenn sie Pohrt vorwerfen, den beschriebenen gesellschaftlichen Zustand, dessen physikalisches Analogon die erstarrte Schmelze war[5], nicht als die erste der „zwei Phasen auf dem Weg zum Kommunismus"[6] erkannt zu haben.

„Es wird keine Linke geben, die Marx links liegenläßt" – Dresens Satz erinnert auf paradoxe Weise an die Schlußsätze des Vorworts, das Ernst Bloch, 1949 von Cambridge/Massachusetts nach Leipzig ziehend, seinem Hegel-Buch „Subjekt-Objekt" voranstellte: „Wer der Wahrheit nachwill, muß in diese Philosophie […] Hegel leugnete die Zukunft, keine Zukunft wird Hegel verleugnen." Marx leugnete die Zukunft gerade nicht, sondern glaubte, sie bestimmen, ja prognostizieren zu können. Mit großem Ton, pleno organo, machte sich Bloch, dessen Leipziger Vorlesungen auch der Germanistik-Student Dresen hörte, diese Bestimmung zu eigen und ließ sich dazu ein Briefwort Hegels an Niethammer vom 5. Juli 1816 dienen, das den unvermeidlichen Fortschritt in das Vokabular der alten Armeen faßte: „Ich halte mich daran, daß der Weltgeist der Zeit das Kommandowort zu avancieren gegeben. Solchem Kommando wird pariert; dies Wesen schreitet wie eine gepanzerte, festgeschlossene Phalanx unwiderstehlich und mit so unmerklicher Bewegung, als die Sonne schreitet, vorwärts, durch dick und dünne."[7]

Hegel war zu dieser Zeit durch ein Aperçu Stalins aus der Ahnenreihe des offiziellen Marxismus gleichsam ausgeschlossen worden. Blochs Hegel-Buch machte gegen dieses Diktum Front und erklärte in seinem „Dialektik und Hoffnung" überschriebenen Schlußkapitel: „Das Vernünftige kann wirklich, das Wirkliche vernünftig werden; es kommt auf die Phänomenologie oder Erscheinungsgeschichte der wahren *Handlung* an." „Mit einem Sprung zum Neuen, wie ihn die bisherige Geschichte noch nie erfahren hat", beginne „durch Marx – unter Fortsetzung wie Aufhebung Hegels – die Veränderung der Philosophie zur Philosophie der Weltveränderung."[8] So große Hoffnung knüpfte sich damals vielen an die Tat-Lehre des Revolutionstheoretikers. Indessen: „Quidquid latet apparebit" (Was verborgen ist, wird erscheinen) – auch dieser Satz findet sich in Blochs Schlußkapitel und gibt das Maß dessen, was dem Denker selbst, wie vielen vor ihm, widerfuhr: ein Beiseite-gesetzt- und An-den-Rand-gestellt-Werden, das ihn, in zugespitzter Lage, 1961 das Land lange festgehaltener Hoffnung verlassen ließ. Hegel, seinerseits attackiert, hatte über „das Getue und die Brosamenerfolge der persönlichen Ameisen, Flöhe und Wanzen" in jenem Brief von 1816 noch schreiben können: „Und diese ameisen-, flöh- und wanzenhaften Persönlichkeiten dürfen wir einmal nicht anders an uns kommen lassen, als wozu sie der gütige Schöpfer bestimmt hat, nämlich sie zu Späßen, Sarkasmen und zur Schadenfreude zu verwenden."

Unter veränderten Auspizien geschah Adolf Dresen fünfzehn Jahre später Vergleichbares. Auch seine Haltung, seine Anschauungen wurden von verborgenen Instanzen als „parteifeindlich" eingestuft, und man ließ es ihn spüren. Aber ehe ihm eine besondere Zuspitzung, die Ausbürgerung Wolf Biermanns im November 1976, den Weg gen Westen, der über Wien führte, als unvermeidlich erscheinen ließ, um den „persönlichen Ameisen, Flöhen und Wanzen" zu entgehen, ging er in intensiver, mehrstufiger Nebenarbeit (seine Hauptarbeit war das Theater) daran, dieses „Quidquid latet apparebit" zu ergründen, den hoffnungsvoll übersehenen Irrtum auf dem Grund der ökonomischen Theorie. Das Resultat ist heute kaum weniger als damals von Bedeutung; es eröffnet eine analytische Perspektive, die jener terroristisch-affirmativen Verdinglichung der Marxschen Theorie entgegnet, die Lenins theoretisches und politisches Wirken vollzog und die von seinen Nachfolgern auf je eigene Weise fixiert und modifiziert wurde.

Den Blick auf Irrtümer zu öffnen heißt nicht, das Werk in den Rauchfang der Geschichte zu hängen; es setzt dieses frei zu dem, was daran Kulturerbe in einem höheren, weiterwirkenden Sinn ist, jenem

Sinn, den der Hegel-Kommentator Bloch auf eigene Weise faßte: „Das Fällige liegt […] auf dem Weg der Heimkehr. Aber diese Heimkehr ist letzthin, gerade als Befreiung vom Ungemäßen, als Überwindung des Nichts in der Welt und ihren Widerständen, die Unvereiteltheit des Alles. Das wiederum ist Utopie in der Utopie, doch sie wirkt in der Unzufriedenheit (abgelehnten Knechtschaft) ebenso wie in der Hoffnung (antizipierten Freiheit zum Fürsichsein)." Etwas später heißt es, wahrhaft gedämpft: „Eben deshalb ist das dialektische Agens des Nicht, das durch alle Stockungen und Verdinglichung hindurch zur Prädizierung und Manifestierung seines eigenen Rätselinhalts, Zielinhalts hintreibt, seinem Alles nach nicht mehr, aber gewiß auch nicht weniger als Hoffnung."[9]

Hase und Igel

Dresens Arbeit hat sechs Kapitel, die „Ausbeutung", „Arbeitsteilung", „Konkurrenz", „Krise", „Kommunismus" und „Freiheit usw." überschrieben sind; das „usw." hat es in sich. Charakteristisch für den Text, dessen Abfassung sich, mit mehreren Vorstufen, über zwei Jahre erstreckte, ist der Verzicht auf die – direkte oder mittelbare – Berufung auf die Marx-Kritik älterer Zeiten und anderer Zonen. Die Untersuchung, nach Anlage und Duktus ein großer Essay, begibt sich in die unmittelbare Auseinandersetzung mit einer Theorie, der der Autor lange angehangen hatte; es ist der Gestus der Selbstaufklärung, der die Vehemenz seiner Untersuchung ausmacht. Dresens Kritik, die in ihrer dialektischen Verve und sprachlichen Pointiertheit die Marxsche Schule – und darin die Hegelsche – zu erkennen gibt, ist von der Autonomie des Selbstdenkers bestimmt; hier will einer im theoretischen Kern der Konstruktion wissen, woran er ist, um bestimmen zu können, welchen Weg das Ganze gehen muß und er selbst gehen wird.

Der Text ging ein entscheidendes Stück weiter als jene reformatorische Kritik, die Statik und Zynismus der machtpolitischen Realität dem Moralismus der Idee gegenüberstellte und aus der Konfrontation von Ursprung und Verfall teils, wie nachmals Gorbatschow, politische, teils, wie Wolf Biermann, satirische Antriebe bezog. Dieser „Kapital"-Leser war ins komplizierte Innere der Marxschen Wirtschaftstheorie hinabgestiegen und dabei an einen Punkt gelangt, wo sich die reformatorische Prämisse von der Rettbarkeit der Marxschen Theorie durch Kritik der sich auf sie berufenden Praxis nicht mehr aufrechterhalten ließ. Seine Kritik riß der gesellschaftlichen Praxis das apologetisch erborgte Kleid der Theorie nicht sowohl ab, als daß sie es als ein den Defekten des Praxis-Leibs angemessenes bestimmte; die fehlerhafte Erscheinung, so zeigte sich, entsprach den undurchschauten – zur Durchschauung unzugelassenen – Irrtümern der Theorie.

Hatte Ernst Bloch nach seinem Weggang aus der DDR die Frage gestellt, ob sich der Marxismus im sowjetischen System womöglich „zur Kenntlichkeit" verändert habe, so gab Adolf Dresen die Antwort darauf.

Seine Analyse bewegt sich in mehreren Argumentationsschüben. Die ersten drei Kapitel verweisen mit zitatbewehrter Gründlichkeit auf den von Marx unterschätzten, ja übersehenen Faktor der aktiven Konkurrenz unternehmerischer Kapitalinhaber. Durch sie, so Dresen, der hier an Karl A. Wittfogel anknüpft, ohne ihn zu kennen[10], unterscheide sich „die europäische Produktionsweise von der auf Herrschaft beruhenden asiatischen". Der Autor kommt dabei zu einer wichtigen Erkenntnis; er entdeckt, daß bei Marx die Revolution nicht, wie dieser selbst es erscheinen ließ, die Konsequenz seiner Wirtschaftstheorie gewesen sei, sondern etwas Vorausgesetztes und Vorgegebenes, das die ökonomische Theorie zu verifizieren versucht habe. „Die revolutionäre Grundentscheidung trifft Marx nicht als Konsequenz aus seinen ökonomischen Studien, er hat sie vielmehr schon getroffen, ehe er überhaupt mit dem Studium der Ökonomie beginnt, sie geht bereits in den Ansatz des ,Kapitals' ein. Es gilt, eine Welt zu verändern, die sich selbst nicht mehr verändert, die historisch am Ende ist. Da sie sich von innen heraus nicht mehr bewegt, muß sie von außen bewegt, muß sie umgewälzt werden. [...] Das einzige, was sie noch gebiert, ist ihr eigener Totengräber, das Proletariat. Die Konkurrenz bedeutet aber Selbstdifferenz des ,Gesamtkapitalisten', inneren Widerspruch der keineswegs konsistenten Kapitalistenklasse; er ist bisher ebensowenig in der Monopolisierung verschwunden wie der äußere Klassenwiderspruch in der proletarischen Revolution." So entziehe die „permanente Revolution der Konkurrenz [...] der sozialen Revolution den Boden".[11]

Marx, folgert der Autor am Ende seines Konkurrenz-Kapitels, habe „nicht vorausgesehen, daß einmal eine Befriedigung des Proletariats möglich sein würde ohne seine Befreiung, seine Saturierung ohne Verschwinden der Ausbeutung. Er hat nicht vorausgesehen, daß die Revolution, wo sie stattfand, Entfremdung nicht beenden

würde, und [daß], wo sie nicht stattfand, Verelendung, die doch ihr
handgreiflicher Ausdruck schien, verschwinden könnte bei wachsender Entfremdung." Daß hier der Blick auf jenes „Nordimperium"
(Heleno Saña[12]) der industriell fortgeschrittenen Staaten beschränkt
bleibt und nicht auf ein Weltganzes geht, das auch Mitte der siebziger
Jahre von krassen Differenzen zwischen erster, zweiter und dritter
Welt geprägt war, liegt zutage.

Subtil ist Dresens Hinweis, Marx habe die von ihm auf die bürgerliche Gesellschaft bezogene „Dialektik der Sprengung enger Produktionsverhältnisse durch die Produktivkräfte abstrahiert von der
bürgerlichen Revolution, denn in der asiatischen oder antiken Produktionsweise findet sie sich nicht, sie veränderten sich nicht von
innen heraus." „Die fortwährende Umwälzung der Produktion, die
ununterbrochene Erschütterung aller gesellschaftlichen Zustände, die
ewige Unsicherheit und Bewegung zeichnet die Bourgeoisieepoche
vor allen früheren aus", zitiert Dresen aus dem „Kommunistischen
Manifest" und setzt hinzu: „Diese Bewegung aber entstammt nicht
dem Klassen-, sondern dem Konkurrenzkampf, die kapitalistische
Produktionsweise ist darin gar keine bestimmte, sondern gerade die
Veränderung, die Negation aller bestimmten Produktionsweise; die
Umwälzung der Produktion, die permanente Revolution der gesellschaftlichen Verhältnisse geschieht innerhalb der kapitalistischen Produktionsweise selbst, […] sie ist selbst ihre eigene beständige Transformation." Wie Marx den Hegel stellt Dresen den Marx vom Kopf
auf die Füße: „Nicht daß sie nicht mehr wachsen kann, ist die Schwierigkeit kapitalistischer Produktion, vielmehr daß sie wachsen muß. An
die Stelle der drohenden ökonomischen Krise tritt die ökologische."

Am Ende des Kapitels wird dem real existierenden Sozialismus
(„real" gewann in dieser defensiven Wortprägung den Unterton
„widervernünftig") das ökonomische Todesurteil gesprochen. „In den
Ländern des ‚realen Sozialismus'", so der Autor, „wurde mit dem
Eigentum an Produktionsmitteln die Entfremdung der Arbeit als
Arbeitsteilung nicht aufgehoben, beseitigt wurde mit der Autonomie
der Betriebe aber die Konkurrenz, d. h. der permanente Druck auf
die Erhöhung der Produktivität, die weitere Forcierung von Arbeitsteilung und -integration. Die friedliche Koexistenz ist aber nichts
anderes als die Konkurrenz der Systeme, ausgetragen in der Höhe
der Produktivität. Das Verschwinden der Konkurrenz im Osten bedeutet nur Wiedererrichtung von Herrschaft, Systeme einer Quasi-

konkurrenz übertragen den äußeren Konkurrenzdruck auf die Basisproduzenten – doch da der Druck sekundär, allein bestimmt durch
die westliche Herausforderung ist, muß dieser Hase, wie er sich in der
Ackerfurche auch zu Tode hetzt, immer nur auf den Igel stoßen, der
schon da ist."

„Ich lehne mich auf, also bin ich"

Das vierte Kapitel, „Krise" überschrieben, kommt noch einmal auf
das Problem der Arbeitsteilung zurück; es beklagt die von Bacon phi-
losophisch, von Galilei naturwissenschaftlich begründete und in den
folgenden Jahrhunderten unablässig zunehmende „geistige Entleerung der manuellen Arbeit" als den „Abfall des Geists vom Physischen". Bacons Losung „Wissen ist Macht" proklamiere die Entfremdung: „Das an sich machtlose Wissen offeriert sich der an sich
geistlosen Macht zum Gebrauch. [...] Wertfreiheit der Wissenschaft
ist die Bedingung ihrer Verwertbarkeit". Marx habe übersehen, „daß
die abstrakte Arbeit im abstrakten Denken ihre Entsprechung hat".

Ein scharfer Blick fällt auf den Scheinausgleich, den in der fortgeschrittenen Industriegesellschaft eine wachsende Freizeit gegenüber
den Zwängen der Arbeitswelt offeriere. In Wahrheit falle das Subjekt
„aus der gesellschaftlichen Zwangsarbeit nur in das Vakuum der Asozialität, in der es sich selbst als Hohlheit und Leere, als Einsamkeit,
Isolation, Ohnmacht antrifft". „Der Einzelne ist jetzt ebenso abstrakt
der Herr – der Kunde ist König – wie er vorher abstrakt Knecht war,
Gesellschaft erscheint nur noch als abstrakte Bedürfnisbefriedigung,
abstrakter, parasitärer Verbrauch, leere Vernichtung leerer Werte [...]
Die Produktion wird zur Negation, die Konsumtion zur Affirmation des Einzelnen – die Gesellschaft frißt ihn, und er frißt die Gesellschaft. Wer in der Arbeit von der Zeit totgeschlagen wurde, schlägt
nach der Arbeit die Zeit tot."

„Zwei Verschiebungen der Ausbeutung" kommen dem Marx-Kritiker in Sicht: „Die erste brachte eine Saturierung des Proletariats
durch Ausbeutung der Kolonien. Mit der zweiten verschwindet auch
diese in der Ausbeutung der Natur – der Parasitismus wird verallgemeinert. [...] Naturbeherrschung, der Triumph des abstrakten Denkens, und Parasitismus an der Natur, Wesen des abstrakten Verbrauchs, sind nur zwei Seiten derselben Sache. Die Natur rächt sich
doppelt. Sie verhöhnt den sich über sie aufschwingenden Menschen
gerade in seinem Triumph: Geschichte ist zum linearen Fortschritt

entartet, qualitative Veränderung herabgebracht auf quantitatives, exponentielles Wachstum, allgemeine Verelendung, irreparable Verwüstung." Und die andere Rache? Der Autor macht sie im Subjekt fest, in dem Individuum, dessen „bloßes Leben […] Behauptung gegen die Maschine" werde: „Es eckt an, sowie es Luft holt."

Das Subjekt, das er hier als revolutionäres verallgemeinert – er selbst ist es, der notorisch motorische, in der Wolle gefärbte Protestant. „Subjekt sein heißt sich wehren – ich lehne mich auf, also bin ich." Die Revolution ist in das Ich verlagert, das verzweifelt die Hände ausstreckt, seinesgleichen zu finden, hinter dem, wie hinter ihm selbst, mit gespitztem Ohr und gezücktem Bleistift schon der Geheimpolizist steht, der, den Spitzel dirigierend, von ebenjener Auflehnung lebt; sie ist die Bedingung seiner Subsistenz.

Unter „Kommunismus", dem fünften Kapitel, kommt der Autor auf Phänomen und Problem der Entfremdung zurück, das er, nun wieder ganz rational, entzaubert, insofern er es als untrennbar von dem Begriff und der Realität planmäßig-zweckbestimmter Arbeit erkennt: „Entfremdung der Arbeit kann […] nicht aufgehoben werden, ohne die Arbeit selbst aufzuheben, da sie per Definition entfremdet ist […] Arbeit ist von vornherein Teilarbeit, sie ist immer Ausführung und insofern vom planenden Denken, immer Produktion und insofern von Konsumtion getrennt; die Entfremdung konstituiert die Arbeit, ja den Menschen […] Die Aufhebung dieser Entfremdung ist damit Aufhebung des menschlich Besonderen". Man kann die kommunistische Perspektive im Horizont eines politischen Kommunismus nicht bündiger ad absurdum führen.

Dresen verweist an dieser Stelle auf Marx' konzeptionelle Nähe zu Hegel und dem „Geschichtsaktivismus der klassischen deutschen Philosophie"; dabei geht ihm ein exemplarischer Widerspruch auf. Wenn Marx Arbeit und Entfremdung kommunistisch zu überwinden strebe, so sei es andererseits gerade „das Modell der Arbeit, nach dem Marx seinen Begriff der wahren, vom Menschen bestimmten Geschichte baut: planmäßig gemacht, im Kopf antizipiert, ebenso den der Revolution, für die seine Philosophie eine ‚Anleitung zum Handeln' ist". „Das autoritäre Moment" sei hier „mitgeliefert und von Bakunin früh herausgefühlt: die Dominanz des Denkens über das Tun beschreibt endlich die der Führer über die Ausführenden. Marx stolpert hier, wie Hegel, über seinen historischen Totalismus." Der Hegelsche Idealismus, der hinter Marx' Begriff vom „Reich der Freiheit" stehe, transformiere sich in einen pervertierten Materialismus, der als Stalinismus politische Gestalt annehme. „Das versprochene Reich der Freiheit, es kommt als blindeste Despotie, die bewußt vollzogene Geschichte als ihr sinnlos-unbegriffenes Wirken, absolute Prähistorie, und gerade die, die Geschichte zu machen meinen, unterliegen ihr am gründlichsten. Was sie nicht machen können, werden sie manipulieren – Geschichte wird zur Dauerfälschung, die Kontinuität der ‚Linie‘ zum Diskontinuum totaler Geschichtslosigkeit."

Zum ersten Mal kommt dem Autor sein eigenes Metier, die Kunst, in Sicht, deren phantastischen Vorzug er ins Licht setzt. In den Künsten, notiert er, sei „Denken unmittelbares Tun, das Tun ein Denken im Material selbst, Hand- und Kopfarbeit sind ungeschieden". Nicht so sehr mit Gefühlen gehe die künstlerische Produktion um als mit der „Unmittelbarkeit des Gedankens selbst, der nicht, wie in den Wissenschaften, vom Tun abgelöst und verselbständigt ist". „Eine Kunst in Warenform" könne es nicht geben: „Die Krise der neueren Kunst liegt gerade in ihrer Vermarktung – positive Wissenschaft ist verwertbar, positive Kunst einfach Unkunst. Ihre Wertlosigkeit ist ihr höchster Ruhm."

Daß gerade diese künstlerische Haltung sich als vorzüglich marktgerecht zu erweisen vermag und andererseits der Markt großer Kunst immer wieder einen unersetzlichen Resonanzboden gegeben hat, ohne daß diese marktgerecht gewesen wäre, entgeht dem Betrachter an dieser Stelle ebenso wie der Umstand, daß es in vorindustriellen Zeiten durchaus „positive", funktional bestimmte Kunst gegeben hatte, die bei allen Widersprüchen und Komplikationen zwischen „Dienst" und „Freiheit", Auftrag und Selbstbestimmung keinen prinzipiellen Gegensatz sah. Es ist die abstrakte Freiheit des Marktes, die dem Künstler jenen Dienst verwehrt, in dem er sich der wahren Freiheit einst nahegefühlt hatte; Dresen hatte sie im wahren Sozialismus gesucht und den unwahren gefunden. Wieviel Freiheit die Kunst brauche, hat den im westlichen Deutschland und dann im vereinigten Angelangten immer wieder beschäftigt; er überschrieb so den Vortrag, den er im November 1996 im Leipziger Schauspielhaus vor der neugegründeten Sächsischen Akademie der Künste hielt. „Trainieren wir", fragte er die Zunft, „in unseren Aufführungen die Leute nicht geradezu schon auf Sinnlos? Machen wir es ihnen nicht langsam selbstverständlich, daß sie sowieso nichts verstehen, bis sie schließlich ihr eigenes Nicht-Verstehen nicht mehr verstehen? Könnte es nicht sein, daß wir da eine Arbeit für Leute tun, die an verbalem Dunst, an der Undurchschaubarkeit der Verhältnisse interessiert sind?" Einer Kritik, die dies fördert, hielt er vor: „Die alte Kritik hielt das Genie für einen Dilettanten, sie hielt das Handwerk allein für die Kunst. Die neue Kritik aber hält den Dilettanten für ein Genie, sie mißachtet das Handwerk – und so ergießt sich mit den Genies nun eine Flut dilettierender Künstler. Jetzt hat auch der Scharlatan seine Chance."[13] „Ins Leere zu sprechen" sei „zum Grundgefühl des Künstlers der Moderne" geworden.

In einem Vortrag vor Leipziger Studenten, den er „Überschreitungen" nannte, beschrieb Adolf Dresen zwei Jahre später noch einmal die Verhältnisse, die ihn dem Theater entfremdet hatten: „Mit [dem Verschwinden] der normativen Kritik verliert die Kunst ihren Halt und ihre Grenze, es zählt nun die Grenzüberschreitung in Permanenz. [Herbert] Marcuse nannte das ‚repressive Toleranz': Freiheit als bloße Nicht-Begrenzung, als Narrenfreiheit. Jede Tür, gegen die man sich wirft, ist offen, jede Wand, an die man sich lehnt, weicht zurück."[14] Am Ende stehen Sätze, die wie ein Vermächtnis klingen: „Die Überschreitung eines Gegebenen kann zum Fortschritt führen wie zum Verfall. Wir sind in keiner historischen Vernunft geborgen und in keinem objektiven Gesetz, und letztlich gibt es für uns keine Sicherheit. Daß wir auf dieser Erde überleben werden, ist weder beweisbar noch widerlegbar. Gerade darin aber liegt ein unbändiger Optimismus: Es hängt von uns selber ab."

„Freiheit, die ich meine"

1976 beschäftigen den Autor andere Probleme als der Verfall der Kunst im Zeichen einer Freiheit, die ins Leere führt. „Freiheit usw." ist das Schlußkapitel überschrieben, und ehe der Autor, wie in allen vorangegangenen Abschnitten, historisch-analytisch ausholt, springt er mitten hinein in eine real existierende, unmittelbar bedrängende Misere, die er ingrimmig als Gewinn von Freiheit beschreibt: „Die Gedanken *sind* nicht frei, sie *machen* frei, und zwar, wenn sie bezwungen sind. Die Mauer im Kopf und die Mauer in Berlin sind unnötig. Zensur – welch ein uneffektives System. Man kann sie umgehen, beschimpfen, bekämpfen. Wir haben den inneren Zensor. Nicht wer nicht darf, wer nicht will, ist frei. Wenn uns die Einsicht = Freiheit noch fehlt, haben wir die höhere Einsicht der Regierenden, und schon stellt sich heraus, was wir sind: unmündig – froh, daß wir uns einer väterlichen Macht vertrauen können, die uns an der Hand nimmt und vor dem Bösen bewahrt. Wozu sie uns zwingt, ist nur unser eigenes Bestes, genaugenommen unsere Freiheit. ‚Sicherheit, Geborgenheit, Zukunftsgewißheit' hieß eine Parole zu den ‚Volkswahlen' 76 – das ist es."

Diese Wahlen, die keine waren, sondern Abstimmungen mit vorgefertigtem Ergebnis (die Zeitungen meldeten 99,58 % Ja-Stimmen), hatten am 29. Oktober 1976 stattgefunden; danach hatte Erich Honecker, wie vormals Walter Ulbricht, die Funktion des Parteichefs mit dem Amt des Staatsratsvorsitzenden vereinigt. Willi Stoph, bisher in dieser Funktion, war Ministerpräsident und Horst Sindermann Volkskammerpräsident geworden; das Trio blieb bis zum Oktober 1989 im Amt. Drei Wochen nach dem Revirement, das alle Macht in Honeckers Hand vereinigte, zog die Ausbürgerung Wolf Biermanns die machtpolitische Folgerung aus dessen Auftreten im kirchlichen Raum. Biermann hatte im September 1976 in der Prenzlauer Nikolaikirche einen vehementen Liederabend gegeben und damit ein Zeichen gesetzt für die sich anbahnende – und für die SED-Herrschaft höchst gefährliche – Vereinigung der kirchlichen mit der außerkirchlichen, insbesondere der innersozialistischen Opposition, die in den folgenden Jahren an Stärke gewann, ehe sie im Herbst 1989 vorübergehend zum Zuge kam.

Im Hintergrund der Unbefangenheit, mit der Biermann, trotz des vorangegangenen Ausschlusses von Reiner Kunze aus dem DDR-Schriftstellerverband, die Genehmigung einer Vortragsreise nach Westdeutschland entgegennahm, stand eine politische Fehldiagnose (sie stammte von seinem Freund und Berater Robert Havemann), die Hoffnungen auf eine Begebenheit gesetzt hatte, welche die SED um so tiefer traf, als sie aus dem Innern der kommunistischen Bewegung kam. Sie hatte sich unter der Gastgeberschaft der Partei in DDR-Berlin begeben und in der zentralen Parteizeitung dokumentiert werden müssen: ein Treffen von neunundzwanzig Arbeiterparteien Ende Juni 1976, auf dem die südeuropäischen Kommunisten die Abkehr vom Moskauer Vorbild und dem ideologischen Leitbild der „Diktatur des Proletariats" vollzogen hatten. „Jahrelang", konnten die Leser des *Neuen Deutschlands* von Santiago Carrillo, dem Parteichef der spanischen Kommunisten, lesen, „war Moskau, wo unsere Träume begannen, Wirklichkeit zu werden, unser Rom. Wir sprachen von der Großen Sozialistischen Oktoberrevolution, als wäre sie unsere Weihnacht. Das war unsere Kinderzeit. Heute sind wir erwachsen. […] Wir verlieren immer mehr den Charakter einer Kirche." Die Rede gipfelte in der „Anerkennung des politischen und ideologischen Pluralismus, ohne Einparteiensystem und bei ständiger völliger Achtung der Ergebnisse allgemeiner Wahlen". Es war die Zeit, da Spanien sich nach dem Tod des Diktators unter dem König Juan Carlos auf den Weg zur konstitutionellen Monarchie begeben hatte.

Dresens Marx-Kritik koinzidiert mit diesem Aufbruch der südeuropäischen Kommunisten in die Erwachsenheit. Wie viele auf Reformen hoffende linke Intellektuelle mochte auch er die Bedrängnis unterschätzen, in die die Moskauer *Breshnjewschtschina* und das ihr attachierte Honecker-Regime durch die Mündigkeitserklärung einiger westlicher Bruderparteien geraten war. Der Drang, in die Tiefe zu loten, läßt oft die Beschaffenheit der Oberfläche übersehen. So geht es dem Intellektuellen; dem Politiker geht es umgekehrt.

Natürlich war die Lage der im mittleren und östlichen Europa ein riesiges Macht- und Wirtschaftsmonopol verwaltenden Arbeiterparteien keineswegs gemütlich. Wenn die Verweigerung ideologischer Revision und innerer Reform den Abstand zum Westen weiter vergrößerte, so konnte die Bereitschaft zu Reformen sicher sein, durch die USA und ihre Bündnispartner zur Auflösung des sowjetischen Imperiums ausgenutzt zu werden. In dieser Lage tat der Apparat, was er konnte: die Repression, und unterließ, was er nicht konnte: das Hinnehmen von Widerspruch. Schon im Mai 1975 hatte Adolf Dresen, der 1958, zwei Jahre nach Chruschtschows Stalin-Abkehr, als Student während eines Praktikums am Theater von Crimmitschau in die Sozialistische Einheitspartei eingetreten war, seine Theater-Parteigruppe in einem langen, grundsätzlichen Brief[15] um Entlassung aus der Genossenschaft ersucht, die ihm damals versagt worden war; es war dieser Schritt, der ihn zur Abfassung seiner Marx-Kritik innerlich freigesetzt hatte. Am Ende – auf dem Höhepunkt der durch die Biermann-Ausbürgerung ausgelösten Parteikrise – stand dann, mit seiner eigenen Stimme, sein mit knapper Mehrheit zustande kommender Ausschluß aus der SED-Parteigruppe des Deutschen Theaters.

Mit dem Hinweis auf die Oktober-Wahlen von 1976 tritt die DDR ins Blickfeld der Dresenschen Marx-Kritik; damit schlägt die Tonlage aus dem Analytischen ins Sarkastische um. „In einem populären Buch über Tiere vom Fließband (Urania-Verlag)", so der Autor, „sieht man Kühe in Buchten, Schweine in Buchten, Hühner in Buchten und am Ende, im Abschnitt über das sozialistische Dorf, Menschen in Buchten. Unsere Freiheit heißt Sattheit, Domestikation des Menschen. Wir lernen uns frei, die Gesellschaft eine einzige Schule – das ist die vordere Linie. Hinter ihr erhebt sich grau die Realität der Machtorgane und redet notfalls Tacheles."

Diesem Introitus folgt, von Hobbes über Rousseau zu Hegel und Marx fortschreitend, ein philosophiehistorischer Exkurs über die Antinomie von Freiheit und Notwendigkeit, der Einzelheit und des Allgemeinen und über Strategien ihrer möglichen Versöhnung. En passant geht Dresen der Revolutionär als „der wahrhaft Konservative" auf, was sich „schon in den Bildern vom verlorenen und wiedergefundenen Paradies" zeige: „Das Glück liegt nicht mehr im Augenblick, es divergiert in ein Früher und Später, die Gegenwart ist Armut, die Zeit ruht nicht mehr in sich, sie hat ihre Erfüllung außer sich, das Bewußtsein ihrer Dynamik ist eschatologisch – immer da, wo sie ist, will sie nicht sein."

„Dort, wo du nicht bist, dort ist das Glück", hatte einst Schmidt von Lübeck gedichtet. Schubert, den Vers zu sich selbst bringend, hatte 1816 aus dem Gedicht ein Lied geschaffen, „Der Wanderer", in dem das tragisch-triumphale Bewußtsein der Vergeblichkeit des Ziels zum tönenden Inbegriff romantischen Weltempfindens geworden war. Was Dresen hier beiläufig benennt, ist das Wesen dessen, was unter dem Namen erst der Romantik, dann des Sozialismus Entfremdung als Schicksal zugleich anzunehmen und auszugleichen versuchte und sie gerade dort bestätigte, wo es sie mit teils nostalgischer, teils utopischer Konstruktion zu wenden unternahm. Die revolutionär angepeilte Überwindung geschehe fiktiv, notiert der Autor, als ob er den geheimdienstlichen Lesern das Illusorische ihrer Position nachweisen wolle: „In den Revolutionen wird Entfremdung zum Feind veräußerlicht, und sie nehmen durch Veräußerlichung des Gegners das Ziel menschlicher Vereinigung in ihrer Bewegung vorweg. Als Glied einer Partei gibt der Einzelne seine Freiheit gegenüber der Partei auf, um sie in der gemeinsamen Gegnerschaft sozusagen total zurückzubekommen. Gegen das neue Ganze bzw. gegen die Partei, die es vorwegnimmt, kann es keine Freiheit geben, alle Freiheit aber (Unterdrückung und Vernichtung) gegen den gemeinsamen Feind." Man kann die totalitäre Disposition nicht bündiger bezeichnen. Der Autor hat damit zugleich den psychologischen Erklärungsgrund für die

Dauer des einer solchen Struktur gehorchenden Systems weit über dessen ökonomisch-politische Effizienz hinaus gegeben.

„In ihrem brennenden Tiegel schmilzt die Revolution Konvention und Grenzen menschlicher Verhältnisse (‚was die Mode streng geteilt‘) ganz unmittelbar; das lebendige Ganze, der Andere sind um so mehr fühlbar, je schärfer der Grat der Barrikade ist." „Diese Glut", fährt der Autor fort, „ist fast unmittelbar erotisch, ist Traum der Jugend und des ewigen Lebens; die studentische Jugend des Westens war in den sechziger Jahren davon so stark erfaßt, daß sie bereit war, sich einen Gegner zu erfinden." Es war diese Hellsicht, die Dresen 1984 am Frankfurter Theater den Versuch einer Ensemblebildung abbrechen ließ, dessen Akteure noch ganz im Bann einer solchen Emphase standen. Ein Großteil der 68er Generation brauchte das Jahr 1989, um endgültig von ihr loszukommen, und wandte sich dann mit einer Aversion gegen die verschwindende DDR, als sei diese das Subjekt und nicht das Objekt ihrer Illusionen gewesen. Der Ostberliner Regisseur war ihnen 1981 in Frankfurt am Main mit einem Gedanken- und Erfahrungsvorsprung von anderthalb Jahrzehnten gegenübergetreten.

Sein eigener Voluntarismus zeigte sich in der Annahme, eine Verständigungskluft, die in der differenten Entwicklung von Jahrzehnten wurzelte, an dem Frankfurter Theater suggestiv und argumentativ überspringen zu können. Was er stattdessen in seinem Ensemble bemerkte, war eine ideologische Intransigenz ähnlich derer, die er in der DDR hinter sich gelassen hatte. Ein Wanderer, der, im Kleinen wie im Großen, immer auf der Suche nach jenem erfüllten Wir gewesen war, in dem er, mit Hegel, den Inbegriff der Freiheit erkannte, gab die Hoffnung, es bilden zu können, nach drei Jahren mit jähem, das Ensemble verstörendem Entschluß auf, um in die Einzelnheit eines fahrenden Opern-Inszenators einzutreten. „Es, es, es und es, es ist ein harter Schluß", hatte im November 1975, im Rahmen eines fulminanten Volksliederabends[16], im Deutschen Theater ein Lied gelautet, das er mit der spröden Vehemenz, die ihm eigen war, selbst vorgetragen hatte: „Es, es, es und es, / es ist ein harter Schluß, / weil, weil, weil und weil, / weil ich aus Frankfurt muß! / So schlag ich Frankfurt aus dem Sinn / und wende mich, Gott weiß, wohin. / Ich will mein Glück probieren, marschieren." Sein Abschied von Berlin war darin vorweggenommen gewesen und der aus Frankfurt merkwürdigerweise auch schon.

Leerstellen

Für Marx, konstatiert der Analytiker von 1976, sei, ähnlich wie für Rousseau, „eine Freiheit gegen die nachrevolutionäre Einheit unmöglich, da diese ja die Freiheit ist. Die Revolution ist die Wasserscheide: vor ihr gibt es Freiheit nur gegen, nach ihr nur hin zur existierenden Gesellschaft." Dresen nennt dies die „eschatologische Illusion", die „das Vorrecht der Revolutionäre" sei, „der beschränkte Horizont, die historische Borniertheit" sei „die Wurzel ihrer Kraft".

Von hier aus wendet er seinen Blick auf jenes Land, in dem eine sich auf Marx berufende Revolution gesiegt hatte, auf die Sowjetunion. „Schöpferisches", befindet er angesichts der militärischen Revolutions-, der revolutionären Militärmaschine der Bolschewiki, „kann es nicht mehr geben außer als Vollzug des Antizipierten, Geplanten; Spontaneität ist bloße Unzuverlässigkeit – Spontaneität der Maschine ist ihr Verschleiß. Sie [die Spontaneität] ist gegen nichts Bestimmtes, immer aber gegen die Einheit gerichtet und daher, wenn die Einheit alles ist, der Hauptfeind. Worte wie Funktionär, Linie, Apparat, Ausrichtung, Abweichung usw. zeigen den mechanischen Charakter." Das ist nur begrenzt richtig; die Alphabetisierung der sowjetischen Bevölkerung, die Industrialisierung des riesigen Entwicklungslandes, schließlich die Überwindung eines technisch und organisatorisch überlegenen Aggressors waren Leistungen, die als bloß mechanische unmöglich gewesen wären. Dresen übergeht die Dialektik von Terror und Fortschritt, da der Fortschritt ihm a priori unter dem Aspekt des Terrors erscheint.

„Die lebendige Vermittlung von Einzelnem und Allgemeinem", befindet er schon für die frühe Sowjetunion, „ist zur Pyramide von Zweck und Mitteln erstarrt. Noch vor Lenins Tod gefriert die revolutionäre Einheit unaufhaltsam zum bürokratischen Zentralismus. Das glühende Leben erkaltet zur starren Pyramide, die lebendige Einheit zur Ausrichtung auf den EINEN. Was an Ziel verschwindet, hat ER zu ersetzen." Zur Pyramide gehört die Sphinx, deren Rätsel der Analytiker entschlüsselt. Die Widerstandslosigkeit der von Stalin den Todesurteilen überstellten Alt-Revolutionäre gegenüber ihrem Mörder, jenes Kooperationsphänomen, das einem fernstehenden Betrachter wie Ernst Bloch nicht anders denn als reales Schuldgeständnis denkbar gewesen war, ist dem, der es besser weiß, einsichtig: „Die Stalinsche Gerichtsfarce von 1936 war tatsächlich nur gegen Bolschewiki möglich: Tapfere Männer, die der zaristischen Folter widerstanden hatten eben durch Identifikation mit dem bolschewistischen Allgemeinen, hatten nun *gegen* dies Allgemeine, vorm bolschewistischen Gericht, keinen Standpunkt und keine Kraft. Sie standen den Eigenen, *sich selbst* gegenüber, sahen ohnmächtig und ohne zu begreifen, die plötzliche Diskrepanz und wußten nichts anderes mehr, als unter Stalins Kugeln zu fallen mit dem Ruf ‚Es lebe Stalin!‘"

Dresen enthält sich jener moralisierenden Gebärde, die leicht an der Oberfläche der Erscheinungen verharrt. Verbrechen erscheinen ihm als die Folge von Irrtümern, die an ihrer Wurzel aufgesucht werden müssen. Seiner Marx-Kritik entwickelt sich eine Diagnose des Stalinismus: „Dem Fatalismus der Massen entspricht der Voluntarismus der Führung. Der äußere Feind wird ersetzt durch die Theorie von der ständigen Verschärfung des Klassenkampfs. Die undurchschaute Diskrepanz zur Erwartung äußert sich als Verfolgungswahn. Der Einheitsfuror verschlingt alles."

„Die EINHEIT von Theorie und Praxis", lautet das Fazit, „wird gewonnen durch (blutige) Korrektur der Praxis." Es folgen Sätze, die, obschon sie der Stalin-Ära galten, die Apparatschiks Erich Mielkes nicht kalt lassen konnten: „Das unmittelbar zu fühlende Dasein des Anderen der revolutionären Einheit ist bald nur noch die Denunziation, das Allemenschenwerdenbrüder die Allgegenwart des Spitzels. Blinde Angst ist die Kehrseite des ebenso blinden Optimismus. Wo es eine lebendige Öffentlichkeit, demokratischen Austausch gab, erhebt sich der tönerne Götze des Apparats der Staatssicherheit. Die befreite Arbeit in Gemeineigentum überführter Produktionsmittel heißt Workuta." Chruschtschows Parteitagsenthüllungen vom Februar 1956, die von der Auflösung der Arbeitslager begleitet wurden, die Berija schon unmittelbar nach Stalins Tod betrieben hatte, waren von der Ulbricht- wie der Honecker-Partei geflissentlich verschwiegen worden; das normale SED-Mitglied, gewiß auch der normale MfS-Offizier wußte nichts von ihnen und durfte nichts von ihnen wissen.

Von Chruschtschow und dessen „Personenkult-Hypothese" ausgehend, erörtert Dresen jene Deformationstheorien, die Stalins Terror-Regime, das die Sowjetunion unter Chruschtschow hinter sich gelassen hatte (es war Hannah Arendt, die 1966 konstatierte, „daß man die Sowjetunion im strengen Sinn des Wortes nicht mehr totalitär nennen kann"[17]), als etwas Akzidentielles bezeichneten – so wie der Kapitalismus, hätte er hinzufügen können, die Fabriksklaverei nach zurückgelegter Akkumulationsphase als ein fremdes Element hatte überwinden können. In seinem Schlußkapitel überspringt der Autor ganze Argumentationsfelder und kommt ohne Umschweife zu dem Ergebnis: „Eine Kritik des Stalinismus vom Marxismus aus kann es nicht geben, denn der Stalinismus ist nicht nur Deformation, sondern Konsequenz des Marxismus [...], auch ebensowenig eine Kritik der sozialistischen Wirklichkeit, die selbst nichts anderes ist als seine bewußtlose Kritik." Zwiefache Aussichtslosigkeit scheint auf: „Einheit ohne Einzelnheit, Individuum nur als Identifikation, Freiheit nur *hin* zum Allgemeinen ist heute immer noch das Bild des Ostens. Der Westen zeigt das Gegenteil: Einzelnheit ohne Einheit, Einzelnheit als Vereinzelung, Individuum als Isolation, Freiheit nicht *in*, sondern *von* der Gesellschaft."

„Nicht nur Deformation, sondern Konsequenz des Marxismus" – das ist die Blochsche Frage, ob sich der Marxismus in der sowjetischen Realität zur Kenntlichkeit oder zur Unkenntlichkeit verändert habe. Dresens Satz verbindet eins mit dem andern; hätte er seinen Text in den neunziger Jahren veröffentlicht, wäre er an dieser Stelle gewiß ausführlicher geworden. Michael Schneider ist unlängst in einem Vortrag[18] der Frage nachgegangen, ob und inwieweit der im Namen des Marxismus auftretende staatsmonopolistische Sozialismus des europäischen Ostens auf Marx zurückgeführt werden könne; er zitiert einen Briefsatz von Friedrich Engels, der dies wie antizipierend verwirft: „Möglichst viele Proletarier in vom Staat abhängige Beamte und Pensionäre zu verwandeln, neben dem disziplinierten Kriegs- und Beamtenheer auch ein dito Arbeitsheer zu organisieren, Wahlzwang durch staatliche Vorgesetzte statt durch Fabrikaufseher – schöner Sozialismus! Dahin aber kommt man, wenn man dem Bourgeois glaubt, was er selbst nicht glaubt, sondern nur vorgibt: Staat sei Sozialismus!"[19]

Neun Jahre vor diesem Brief behandelt Engels in einem Artikel das Problem der Autorität, wie es sich nach einer glückenden Revolution in Wirtschaft und Staat stellen werde. „Die Autorität in der Großindustrie abschaffen wollen, bedeutet die Industrie selber abschaffen wollen", hält er den „Antiautoritariern" entgegen; man könne „über die Tore dieser Fabriken schreiben: *Laßt alle Autonomie fahren, die Ihr eintretet!*"[20] Er verweist auf die einhellige Meinung „aller Sozialisten", „daß der politische Staat und mit ihm die politische Autorität im Gefolge der nächsten sozialen Revolution verschwinden werden", läßt aber keinen Zweifel daran, daß „eine Revolution das autoritärste Ding" sei, „das es gibt": „Sie ist der Akt, durch den ein Teil der Bevölkerung dem anderen Teil seinen Willen vermittels Gewehren, Bajonetten und Kanonen, also mit denkbar autoritärsten Mitteln aufzwingt; und die siegreiche Partei muß, wenn sie nicht umsonst gekämpft haben will, dieser Herrschaft Dauer verleihen durch den Schrecken, den ihre Waffen den Reaktionären einflößen." Das ist im Blick auf die Pariser Kommune gesagt, die Engels noch 1891, in einem Vorwort zu Marx' Schrift „Der Bürgerkrieg in Frankreich", zu dem Musterbeispiel einer „Diktatur des Proletariats" erklärt. Auch hier klafft zwischen der Instrumentierung des Staates durch die Revolution und der Hoffnung auf sein späteres Verschwinden eine weder von ihm noch von Marx jemals überbrückte Kluft. „Der Staat", heißt es am Ende dieses späten Textes, sei „im besten Fall ein Übel, das dem [...] siegreichen Proletariat vererbt wird und dessen schlimmste Seiten es ebensowenig wie die Kommune umhin können wird, sofort möglichst zu beschneiden, bis ein in neuen, freien Gesellschaftszuständen herangewachsenes Geschlecht imstande sein wird, den ganzen Staatsplunder von sich abzutun." [21]

„Die ‚Diktatur des Proletariats'", deutet Michael Schneider Engels' spätere Einsichten, „sollte eine legale Spielart demokratischer Mehrheitsregierung bezeichnen, die sich über die Interessen der Minderheit hinwegsetzt, ganz so wie es zu Marxens Zeiten etliche ‚Diktaturen der Bourgeoisie' mit dem Interesse der Mehrheit gemacht hatten". „Der Begriff der Diktatur des Proletariats", fügt er hinzu, habe „bei Marx nie den Sinn der Parteidiktatur" gehabt; dieser weise „mit der verewigten Stellvertreter-Diktatur einer bolschewistischen Parteielite über die Volksmehrheit keinerlei Gemeinsamkeiten auf". Niemand wußte besser als Karl Marx, daß die politischen Absichten der Akteure das eine sind und das Gewicht der von ihnen geschaffenen ökonomischen Strukturen das andere; wie diese sich nach der Machteroberung durch die proletarische Avantgarde geltend machen würden, ist seinen Schriften teils unter-, teils völlig unbelichtet. Ob die Umwälzung auf dem Weg des bewaffneten Kampfes, wie beide lange Zeit meinten, oder durch Wahlsiege, also die Erringung parlamentarischer Dominanz zu gewinnen sei, wie Engels 1895 aus den Erfolgen der deutschen Sozialdemokratie schloß [22], ist unter diesem Aspekt eine untergeordnete Frage. Wenn es im „Manifest der Kommunistischen Partei" vom Februar 1848 geheißen hatte, „das Proletariat" werde „seine politische Herrschaft dazu benutzen, der Bourgeoisie nach und nach alles Kapital zu entreißen, alle Produktionsinstrumente in den Händen des Staats, d. h. des als herrschende Klasse organisierten Proletariats, zu zentralisieren und die Masse der Produktivkräfte möglichst rasch zu vermehren", dann war jener politökonomische Zentralismus programmatisch vorgegeben, dessen Zukunft die Autoren auch später im Dunkel ließen. „Es kann dies", fuhr der alte, niemals revidierte Text fort, „natürlich zunächst nur geschehen vermittelst despotischer Eingriffe in das Eigentumsrecht und in die bürgerlichen Produktionsverhältnisse, durch Maßregeln also, die ökonomisch unzureichend und unhaltbar erscheinen, die aber im Lauf der Bewegung über sich selbst hinaustreiben und als Mittel zur Umwälzung der ganzen Produktionsweise unvermeidlich sind."[23]

In dem auf diesem Weg zu erreichenden Kommunismus werde dann „alle Produktion in den Händen der assoziierten Individuen konzentriert" sein und „die öffentliche Gewalt den politischen Charakter verlieren". Daß dies eine Leerformel ist, liegt zutage; die Autoren des Manifests haben sie niemals präzisieren können und wollen. Stattdessen eröffneten sie am Ende dieses 2. Kapitels („Proletarier und Kommunisten") mit utopistischer Volte eine Freiheitsperspektive, die eine Art Hyperliberalismus statuierte: „An die Stelle der alten bürgerlichen Gesellschaft mit ihren Klassen und Klassengegensätzen tritt eine Assoziation, worin die freie Entwicklung eines jeden die Bedingung für die freie Entwicklung aller ist." In seiner Lebenserzählung „Abendlicht" hat Stephan Hermlin 1979 seinem mit Erleichterung vermischten Erstaunen, ja Entsetzen Ausdruck gegeben, das ihn bei der späten Entdeckung überfallen habe, daß die Formel so laute und nicht umgekehrt, wie er vorausgesetzt hatte: „Eine Assoziation, worin die freie Entwicklung aller die Bedingung für die freie Entwicklung eines jeden ist."[24]

So oder so ist der Satz ein Spiel mit Worten, mit Begriffen. Aus dem Spiel wird ein gleichsam blutiger Ernst, wenn Marx in den postum veröffentlichten „Theorien über den Mehrwert" von 1862/63 über einen Satz von Ricardo meditiert und zu dem Schluß kommt: „Daß diese Entwicklung der Fähigkeiten der Gattung *Mensch*, obgleich sie sich zunächst auf Kosten der Mehrzahl der Menschenindividuen und ganzer Menschenklassen macht, schließlich diesen Antagonismus durchbricht und zusammenfällt mit der Entwicklung des einzelnen Individuums, daß also die höhere Entwicklung der Individualität nur durch historischen Prozeß erkauft wird, worin die

Individuen geopfert werden, wird nicht verstanden"[25] – von Ricardo nicht verstanden. Im Sinn dieses Satzes hat Marx in seinem Aufsatz über „Die britische Herrschaft in Indien" Goethes Rosenöl-Gedicht aus dem Timur-Kapitel des „West-Östlichen Divans" zitiert, mit den Schlußversen: „Sollte diese Qual uns quälen, / Da sie unsre Lust vermehrt; / Hat nicht Myriaden Seelen / Timurs Herrschaft aufgezehrt?"[26]

Auch in späteren Texten, etwa der vielberufenen „Kritik des Gothaer Programms" der sich 1875 vereinigenden deutschen Arbeiterparteien, ist Marx hinsichtlich der Funktionsweise einer nachrevolutionären politischen Ökonomie nicht deutlicher geworden. Gegenüber seiner ebenso subtilen wie voluminösen Analyse der kapitalistischen Wirtschaftsweise haben die hier geäußerten Vorstellungen von der Funktionsweise einer künftigen kommunistischen Gesellschaft ein fast kindlich naives Gepräge. In der aus der Abschaffung des Privateigentums an den Produktionsmitteln hervorgehenden Gesellschaft erhalte, so Marx, der einzelne Produzent „von der Gesellschaft einen Schein, daß er soundso viel Arbeit geliefert (nach Abzug seiner Arbeit für die gemeinschaftlichen Fonds), und zieht mit diesem Schein aus dem gesellschaftlichen Vorrat von Konsumtionsmitteln soviel heraus, als gleich viel Arbeit kostet. Dasselbe Quantum Arbeit, das er der Gesellschaft in einer Form gegeben hat, erhält er in der andern zurück."[27] Wie diese Arbeitsquantumsscheine ausgebende Gesellschaft beschaffen sei und wie ihre Scheine sich von Geld unterscheiden, bleibt das Geheimnis des Autors, der zwei Seiten später immerhin von dem „genossenschaftlichen Eigentum der Arbeiter" an den „sachlichen Produktionsbedingungen" spricht. Das ist ein Fortschritt gegenüber dem „Staatseigentum" als der Zielvorstellung von 1848.

Im vierten Abschnitt seiner Programmkritik fragt sich Marx: „Welche Umwandlung wird das Staatswesen in einer kommunistischen Gesellschaft erleiden?[28] In andern Worten, welche gesellschaftliche Funktionen bleiben dort übrig, die jetzigen Staatsfunktionen analog sind? Diese Frage ist nur wissenschaftlich zu beantworten, und man kommt dem Problem durch tausendfache Zusammensetzung des Worts Volk mit dem Wort Staat auch nicht durch einen Flohsprung näher."[29] Das ist eine resignative Feststellung; Marx hat keinerlei Anstalten gemacht, dieser entscheidenden Frage wissenschaftlich näherzutreten. Es bleibt die groteske Differenz zwischen der enormen Denkarbeit, die er in die Ergründung der kapitalistischen Wirtschaft investierte, und der Achtlosigkeit, mit der er deren präsumptiven Nachfolger ins Auge faßte.

Ernst Bloch hat diese Unbestimmtheit 1947 im amerikanischen Exil positiv gedeutet. „Die humanen Verhältnisse hinter der Vergesellschaftung der Produktionsmittel werden, bei aller Totalität der Untersuchungsweise, noch kaum erst angedeutet", heißt es in „Das Prinzip Hoffnung": „Engels spricht allgemein vom Reich der Freiheit, Marx setzt wenig mehr als den kargen, wenn auch gewaltig vom Bisherigen abgrenzenden Begriff klassenlose Gesellschaft. Eigentliche *Bezeichnungen* der Zukunft fehlen überlegt."[30] Im Blick auf Fichtes Konzept vom „Geschlossenen Handelsstaat", den er als staatssozialistisch erkannte, hatte der Autor ein Kapitel zuvor bemerkt: „Fichtes Schrift hält Sozialismus möglich in einem einzigen, genügend großen und autarken Land."[31] Dieses Land war kein anderes als Stalins Sowjetunion. Marx hat sich der Auseinandersetzung mit Fichtes Konzept entzogen; das Werk eines Mannes, dessen Vater, der oberlausitzische Bandweber, in jungen Jahren noch Leibeigener gewesen war, kommt bei ihm nicht vor. Das ist sonderbar und folgerichtig zugleich; der an Hegel geschulte Rheinpreuße hätte sonst bekennen müssen, wie nah seine eigenen Vorstellungen von einer postrevolutionären Ökonomie, soweit er solche hatte, den Fichteschen waren.

Karl Korsch, der nachmals mit Brecht befreundete marxistische Theoretiker, war 1911 zu einem kritischen Befund über den blinden Fleck auf der Netzhaut der Marxschen Lehre gekommen; warnend schrieb er in einer sozialdemokratischen Monatsschrift: „[...] der Ausdruck ‚Vergesellschaftung der Produktionsmittel' bedeutet zunächst weiter nichts als die Verneinung des Privateigentums an Produktionsmitteln. Sozialismus bedeutet Antikapitalismus. Der Begriff ‚Vergesellschaftung der Produktionsmittel' hat einen klaren negativen Sinn; nach der positiven Seite hin ist er leer und nichtssagend. Diese Inhaltslosigkeit der sozialistischen Formel für die Organisation der Volkswirtschaft war und ist so lange unschädlich, als die praktische Wirksamkeit des Sozialismus auf die Bekämpfung und Beseitigung von bestehenden Mißständen beschränkt ist. Sie wird schädlich, sobald der Augenblick gekommen ist, wo der Sozialismus irgendwo die Regierung antritt und nun aufgefordert wird, die sozialistische Organisation der Volkswirtschaft zu vollziehen. Würde dieser Augenblick heute irgendwo eintreten, so würde er den Sozialismus unvorbereitet finden; der Sozialismus müßte bekennen, daß er eine ausreichende Konstruktionsformel für die Organisation der Volkswirtschaft noch nicht gefunden hat."[32]

Das Problem hat den nachmals regierenden Sozialismus nie verlassen. Was Michael Schneider im Blick auf die sowjetische Gesellschaftsorganisation als eine „ökonomische Entwicklungsdespotie auf der Grundlage des Staatseigentums" nennt, nistete sich in die Leerstelle der Theorie folgerichtig ein. Sie hing mit den von Adolf Dresen aufgewiesenen Irrtümern der Marxschen Kapitalismus-Analyse untergründig zusammen und wurde verschärft durch ein Revolutionskonzept, das, ob es nun mit Waffengewalt oder mit parlamentarischen Mitteln zu siegen hoffte, auf die Totalenteignung der gesellschaftlichen Produktionsmittel setzte. Im Verhältnis dazu hatte die ökonomische Struktur der DDR, die „private Wirtschaftsunternehmen" auch noch in der Verfassung von 1968 als Bestandteil der „sozialistischen Planwirtschaft" zuließ, geradezu revisionistischen Charakter; das Honecker-Regime überführte sie nachmals in den Besitz der eigenen Partei. Adolf Dresen ist solchen Besonderheiten nicht weiter nachgegangen; sie mögen ihm allzu marxfern erschienen sein.

Die umgekehrte Sphinx

Nach dem Blick auf die „Volkswahlen" des Jahres 1976 kommt der Autor noch einmal, am Ende seines Textes, auf das Land zu sprechen, in dem er dies alles zu Papier bringt, und seine Diagnose ist schneidend. Der bewußtlos-betriebsame Sicherheitsapparat, der sie sich zu verschaffen wußte, verifizierte sie augenblicklich, indem er die bloße Abschrift als Staatsverbrechen verfolgte.[33] „Die Politik", sagt der Marx-Kritiker, der, seinen Lehrmeister auf den Prüfstand der Worte und der Erfahrung stellend, eine Klinge führt, als wäre er dessen verjüngtes Alterego, – „die Politik wird pragmatisch, orientiert sich kaum noch an der irrelevanten Theorie, ohne aber ihre Kritik zu gestatten. Konvergenz und Divergenz [zum kapitalistischen Gegenüber – F. D.] sind gleichzeitig: Konvergenz dient der materiellen, Divergenz der moralischen Legitimation. Der Druck auf die Mauer wird von denen selbst erzeugt, die sie errichten ließen, da sie nichts anderes mehr, nur vorerst weniger zu bieten haben als die drüben, was sie in den ‚Intershops' jedermann offenbaren. Sie versuchen die Mäuler mit Fressen zu stopfen und machen Kommunismus zu Konsumismus, Freiheit zur Sattheit, Frieden zum Friedhof. Die neue Gesellschaft ist ein Zwitter, von Kapitalismus wie Sozialismus gleichermaßen getrennt durch den Wunsch der Herrschenden, ihre Macht aufrechtzuerhalten; in Kapitalismus wie Sozialismus sind sie gleichermaßen überflüssig. Gegenüber Restaurationsversuchen erscheinen sie noch als Verwalter des sozialistischen Ideals, an diesem Ideal gemessen aber als Verkörperung des Verrats. Der Widerstand gegen sie wächst, während sie, immer zynischer und mit schwindender geistiger Identität, hinter ihrer Mauer im Wald von Wandlitz verschwinden."

Das steht am Ende, und es ist deutlich. Daß Dresen, nach seinem Weggang aus der DDR, den Text nicht publik machte, war ein Zeichen dafür, daß das darin beschriebene Dilemma, die Erstarrung des Ganzen in einer haltlosen Balance, einem eingefrorenen Widerspruch, *rebus sic stantibus* nicht aufzuheben war; zu den *res fluentes,* den in Fluß gekommenen Dingen der Gorbatschow-Ära aber war es noch ein volles Jahrzehnt. Im atomar festgezurrten Status quo hielt auch Dresen gleichsam die Luft an, eine janusköpfige Aussichtslosigkeit diagnostizierend, in deren mobileren Teil er wenig später überwechselte. 1976 konstatiert er die Beziehungslosigkeit der Oppositionen: „Maos Versuch ist der Versuch einer Dauerzerstörung der starren Pyramide zwischen Massen und Spitze, die Spitze sozusagen fortwährend in die Massen hineingeebnet, das Allgemeine ins Einzelne hineingedrückt. [...] Die westliche Jugend hatte vor allem für diesen Versuch Sympathie." Sie verschloß die Augen vor der faschistischen Dimension dieser Mobilisierung einer führergläubigen Jugend gegen einen Staats- und Parteiapparat, der sich, nach dem Scheitern von Maos ökonomischem Voluntarismus mit Millionen Todesopfern, auf den Weg der gesellschaftlichen Vernunft begeben wollte; die auf breiter Front einsetzende Verfolgungswelle forderte abermals viele Millionen Todes- und Folteropfer. Die „kleinen Schrittmacher der Revolution", wie die fanatisierten Jugendhorden des Großen Vorsitzenden sich nannten, betätigten sich gegen Menschen, Tempel, Kulturstätten als Todesschwadronen eigener Art.

Gegen die das kontinentale China terrorisierende „permanente Revolution", die, von Trotzki mit anderer Tendenz formuliert, unter Stalin, aber auch unter Hitler zu einem besonders wirkungsvollen Instrument totaler Herrschaft geworden und durch Mao abermals entfesselt worden war[34], setzt Dresen die Bewegung des Prager Frühlings. „Wer die Begeisterung, das spontane Engagement der Prager Jugend vor und während der Okkupation 1968 nicht erlebt hat", schreibt er, „könnte den Prager Entwurf für vergleichsweise kalt, krämerhaft, schwunglos halten. Es war da von Garantien, Rechtsstaat, Parlamentarismus die Rede, von Respekt vor dem Einzelnen anstelle der glühenden Einheit, [von] persönlicher und nationaler Autonomie. Die Spitze der Pyramide verschwindet da nicht in der Basis, sondern im Himmel, nimmt dem Einzelnen die endliche Zuordnung der Maschine und wirft ihn auf sich selber zurück, die autonome, verantwortliche Person." Eine Pyramide, deren Spitze im Unendlichen liegt, ist keine Pyramide mehr, sie läßt einen jeden unmittelbar zum Unendlichen sein. Auf eigentümlichem Weg ergibt sich dem Autor ein pronociert protestantisches Bild.

Wovon er träumt, ahnend, *daß* er träume, ist die Synthese der Oppositionen. Verblüffend sei es, „wie wenig bisher die Koexistenz der Oberen zu einer Annäherung ihrer Oppositionen geführt hat; sie reproduzieren nur umgekehrt das Gegenüber der Systeme, ja überbieten es. 1968 hatten beide Bewegungen Höhepunkte in Prag und Paris, doch waren sie unverbunden, standen einander gleichgültig, wenn nicht feindselig gegenüber. Das ist ihr Schicksal, solange sie ihre Alternative nur jenseits der Mauer finden, und solange ist ihr Schicksal die Niederlage." Und dann die Aussicht: „Ein neues ‚Proletarier aller Länder […]‘ ist nur als Annäherung der Oppositionen denkbar – für das geteilte Deutschland käme es einem nationalen Konzept gleich. Die Mauer ist nur das steinerne Symbol fehlender Alternative." Wieder nimmt das Subjekt, das sich und andern die Versperrtheit des Ganzen zwingend aufgewiesen hat, die Zuflucht zu sich selbst: „Beton", endet der Text, „ist nicht Zeichen von Wirklichkeit, Individuum nicht Synonym für Ohnmacht. Freiheit ist Unschärfe der Einheit, sie ist die Geburt des Einzelnen. Für den Einzelnen gibt es keine Sicherheit, er trägt Chance und Risiko. Sein Leben ist Abenteuer, seine Freiheit Tapferkeit."

Adolf Dresen ging bald nach der Niederschrift dieses Textes als DDR-Bürger in den Süden, den Westen; sein von den Instanzen genehmigtes, genauer gesagt: nachträglich legitimiertes Außen-Sein war Bestandteil jenes ost-westlichen Koexistenz-Pragmatismus, der auf den Ergebnissen der Helsinki-Konferenz von 1975 fußte. Diese KSZE (Konferenz für Sicherheit und Zusammenarbeit in Europa) hatte unter Mitwirkung der USA den Charakter eines gesamteuropäischen Friedensvertrags; in dem vom Westen durchgesetzten *Korb 3* hatte sie den kulturellen Kontakten über die Systemgrenzen hinweg Erleichterungen verschafft, die einen erheblichen Fortschritt bedeuteten. Ihn mit

Friedrich Dieckmann

der Herstellung einer wirklichen Normalität zu verwechseln gab es, wie sich bald zeigte, keinen Anlaß, und auch Adolf Dresen unterlief diese Verwechslung nicht, als er 1977 Regisseur am Wiener Burgtheater wurde; 1981 übernahm er die Direktion des Frankfurter Schauspielhauses.

Hätte er seinen Schlüssel-, seinen Entschlüsselungstext damals zutage treten lassen sollen? Die Veröffentlichung im Westen hätte den östlichen Leser nur unter großen Schwierigkeiten erreicht, dem Autor die Heimat aber mit Sicherheit versperrt. Im Westen hätte sie ihn jenen angenähert, die ihm fremd waren, und jenen entfremdet, die überzeugen zu können er lange hoffte; Instrumentalisierung im Außerhalb wäre das unvermeidliche Los der daheim verweigerten Debatte gewesen. Auch hatte ihm Rudolf Bahro mit seinem Ende 1977 im Westen erschienenen Buch „Die Alternative / Zur Kritik des real existierenden Sozialismus" einen Gutteil der Aufklärungsarbeit abgenommen, nicht zuletzt durch den Hinweis auf die verteufelte Ähnlichkeit der sozialistischen Planwirtschaft mit der von Marx analysierten „asiatischen Produktionsweise". Bahro war verhaftet und zu achtjähriger Gefängnishaft verurteilt worden; 1979 wurde er nach Westdeutschland entlassen.

Dresens Generalrevision der Marxschen Theorie war das Werk eines Insiders, den es drängte, ins Zentrum der Trugschlüsse zu gelangen; mit dem Resultat verfuhr er so, wie es Kopernikus lange Zeit mit seiner astronomischen Systemkritik getan hatte: er verschloß es. Das Gefühl, mit Dynamit zu hantieren, ließ den Dynamiker vorsichtig sein. Er sah sich einer umgekehrten Sphinx gegenüber – einer, welche die in den Abgrund stößt, welche ihr Rätsel lösen, und nur die in die Stadt (und wieder aus ihr heraus) läßt, die die Lösung für sich behalten. „Löse nicht die bange Frage", konnte man in dieser Zeit schreiben:

Löse nicht die bange Frage,
Übergib ein leer Papier.
Willst du leben, so verzage.
Bleibe stumm, doch bleibe hier.

Bring die Mauern nicht zum Tanzen,
Tanzen mach nicht die Verhält-
Nisse. Zwischen Wand und Wanzen
Ist ein ziemlich schmales Feld.[35]

Neue Zeit

Fünf Jahre später begann mit Gorbatschow ein neues Zeitalter; es brachte Deutschland die staatliche Einheit und führte wenig später zum Zerfall des von Lenin gegründeten, von Stalin geformten, von Chruschtschow reformierten und von Breshnjew der Generalität ausgelieferten Vielvölkerstaats. Acht Jahre nach dem Sturz des gescheiterten Reformators fand sich der Nachfolgestaat Rußland auf einem Punkt, an dem sich zur Sicherung der postmonopolsozialistischen Milliardärs-Oligarchie die Machtergreifung des Geheimdienstes vollzog. Damals war die Amerikanisierung Rußlands exemplarisch gescheitert, und die Top-down-Transformation der DDR-Wirtschaft hatte ein „Faß ohne Boden" geschaffen, über allen aber schwebte das Zeitalter der globalisierten Konkurrenz als das Damoklesschwert eines neuen Totalismus, der, im Namen der Freiheit, eine eigene ideologische Draperie aufbot und sie Neoliberalismus nannte. Längst war die Klugheit vom Wagen des Plutus, dem von der Siegesgöttin bekrönten, herabgestiegen, und vergebens schlug die Poesie an seiner Seite verzweifelte Schnippchen.[36] Wie hätte Dresen zu dieser Zeit den zweiten Teil des Goetheschen „Faust" in Szene gesetzt, dessen erster Teil, 1968 von ihm im Bund mit Wolfgang Heinz am Deutschen Theater inszeniert, die kulturpolitischen Instanzen alarmiert hatte? Faust war hier, ganz gegen die klassizistische Konvention, als Ausbeuter der Hölle auf den Plan getreten, mit Mephistopheles als einer plebejisch akzentuierten Dienergestalt an seiner Seite. Zu „Faust II" war es danach nicht mehr gekommen.

Die Erschütterung des Welthegemons USA durch die Anschläge auf Pentagon und World Trade Center und die ihnen folgenden transkontintentalen Militäraktionen hat Adolf Dresen nicht mehr erlebt; zu spät kam im Juli 2001 der operative Eingriff an einem Gehirntumor. Wie würde er heute in eine Welt sehen, die der permanenten Revolution der Informationstechnologien ebenso hilflos ausgeliefert ist wie der globalen Konfusion einer verselbständigten Finanzwirtschaft? „Nichts weniger als die Demokratie" stehe „auf dem Spiel", erklärte Frank A. Meyer, der bedeutende Schweizer Journalist, im August 2011: „Sie wird machtvoll und systematisch unterspült wie nie seit dem Zweiten Weltkrieg, und zwar durch zentrale Akteure des eigenen Systems: die global operierende Finanzwirtschaft."[37] Geht der Kapitalismus an den Kapitalisten zugrunde wie der Sozialismus an der Politbürokratie? Und stellt sich auch hier die Frage, ob das System, nach dem Wegfall seines östlichen Gegenpols, sich zur Kenntlichkeit oder zur Unkenntlichkeit verändert habe? Daß die Marktwirtschaft des Kapitals, wenn Krisen und Katastrophen ihr die Eingrenzung durch Regularien abnötigen, von ihnen zu profitieren weiß, zeigt die Geschichte; daß die Staatswirtschaft kommunistischer Parteien sich mit der Öffnung regulierter Märkte verträgt, hat zur Überraschung der Welt ein fernöstliches Exempel gezeigt, das auf einer Staatstradition von drei Jahrtausenden beruhte.

Wohin ein „Wirtschaftssektor" steuert, der sich unkontrolliert „zur Weltmacht aufgeschwungen hat", markiert wiederum Frank A. Meyer; schon jetzt würden „dessen Paten über das Schicksal von Staaten und Menschen herrschen, und zwar ganz direkt, ganz konkret, ganz brutal – von der Staatspleite, mit der sie ihre Geschäfte machen, bis zur Vernichtung der Arbeitsplätze, die sie als Kollateralschäden ihres Gewinnspiels verbuchen". Er ruft nach „Rebellen, fähig zu Tat: zur Entmachtung der außer Kontrolle geratenen Finanzbranche", und sieht sie nirgendwo in der „regierenden Politik in Europa". Und außerhalb dieser? Der von Marx und Engels und vielen nach ihnen mit theoretischem Aufwand geschürte Glaube an die Befreiungskompetenz einer einzelnen Klasse ist verflogen; heute bestünde eine revolutionäre Forderung schon darin, die gewählten Parlamente und Regierungen in die Vollmachten einzusetzen, die ihnen demokratische Verfassungen einräumen. Ob sie die Kraft haben, diese Vollmachten gegen den Druck von außen und von innen wiederzugewinnen, ist eine offene Frage; sie entscheidet über die Zukunft der Demokratie.

Adolf Dresen ist nach den Enttäuschungen des Jahres 1976 in den Westen gegangen, weil der Osten keine Geheimnisse mehr für ihn hatte. Der Westen seinesteils brauchte keine, das machte des Einwanderers wachsende Verwirrung aus. Er hatte es vorausgewußt, aber es ist das eine, keine Illusionen zu haben, und ein anderes, das bestätigt zu finden. Wie er, gen Westen gelangend, über einen historischen Vorsprung verfügte, besaß er diesen in umgekehrter Richtung, als die steinerne Grenze zerbröselte; in einem Brief an den inzwischen in Westdeutschland lebenden Rudolf Bahro[38] formulierte er 1983, was ihm in westlicher Zone deutlicher denn je aufgegangen war: „Die Negation dieser Gesellschaft ist als abstrakte unmöglich: sie ist selbst ihre eigene permanente Negation, jedenfalls ist ihre Produktionsweise die Negation jeder bestimmten Produktionsweise. Daher kommt das […] Gefühl der ‚repressiven Toleranz‘, das Gefühl, in immer schon vorher offene Türen zu rennen. Jeder Affront gegen die Gesellschaft erscheint daher als Funktion dieser Gesellschaft selbst, die ihre eigene Negation, Negation aller Gesellschaft ist, die man als Asozialität gewordene Gesellschaft verstehen kann, als pure Desintegration, Verkehrsform gewordene Explosion."

Was Adolf Dresen als Wesen der ihn umgebenden Gesellschaft erkannte, war zugleich deren Weltbild und das aller fortgeschrittenen Wissenschaft: das Universum als eine Detonation, als die im Urknall gezeugte Flucht von Weltkörpern in ein sich rasend erweiterndes All. Zuletzt ist der staatgewordene Sozialismus an der Astronomie zerbrochen, so wie es einst der feudal-klerikalen Weltordnung geschah; man kann jenen real, also formativ existierenden Staatssozialismus der Nach-Stalin-Ära als den letzten Versuch der menschlichen Geschichte beschreiben, die Flucht der Spiralnebel zum Anhalten zu bringen. Es mag diese Einsicht gewesen sein, die es Adolf Dresen erleichterte, die Lösung der Rätsel für sich zu behalten.

Adolf Dresen war Schriftsteller mit derselben Energie des Formens, Bildens, Klärens, die er als Regisseur bekundete. Wenn ich an ihn denke, erscheint er mir im Bild jenes Siebenmeilenstiefel-Läufers, den das Grimmsche Märchen dem, der phantastisch weit horchen, und dem dritten, der fabelhaft genau schießen kann, an die Seite stellt; manchmal war er alle drei in einer Person. Er war ein Wanderer, der immer unterwegs war: zu sich, zu den andern, zum Theater. Das Bibelwort, in dem Ernst Bloch sein philosophisches Denken versammelt fand, faßte seine ganze Existenz, es steht am Ende des Hebräerbriefs: „Wir haben hier keine bleibende Statt, aber die zukünftige suchen wir."

Adolf Dresen

ZUR KRITIK DER MARXSCHEN ÖKONOMIE

Der wichtigste Widerspruch der historischen Praxis zur marxistischen
Theorie, von dem sich alle andern ableiten, ist, daß in den Ländern
des entwickelten Kapitalismus die proletarische Revolution bisher
ausblieb, während Revolutionen, die sich als die von Marx erwarte-
ten begreifen, in Ländern *stattfanden*, in denen es kaum eine kapitalistische Entwicklung gab. Dieser Geschichtsverlauf ist von Marx her
nicht zu verstehen, seit dreißig Jahren wird daher einerseits der als-
baldige Untergang des Kapitalismus, andererseits der nun endgültige
Aufbau des Kommunismus erwartet, bis man für das, was da nicht
aufging, das Wort „Übergangsperiode" fand. [Für] *Marx* ist das eine
ganz unmittelbar die Lösung des andern, alle Entfremdung kulminiert
im entwickelten Kapitalverhältnis und wird mit ihm zugleich aufgehoben, Kommunismus ist nichts als die positive Aufhebung des
Kapitalismus. Marx findet, „daß die äußerste Form der *Entfremdung*,
worin, im Verhältnis des Kapitals zur Lohnarbeit, die Arbeit, die pro-
duktive Tätigkeit zu ihren eignen Bedingungen und ihrem eignen Produkt erscheint, ein notwendiger Durchgangspunkt ist – und daher in
sich, nur noch in verkehrter, auf den Kopf gestellter Form schon enthält die Auflösung aller *bornierten Voraussetzungen der Produktion*,
und vielmehr die unbedingten Voraussetzungen der Produktion
schafft und herstellt, daher die vollen materiellen Bedingungen für die
totale, universelle Entwicklung der Produktivkräfte des Individuums"[39].

Auch Lenin ermöglicht ein Begreifen nicht. Für ihn brach mit der
Oktoberrevolution das „schwächste Kettenglied", er starb resigniert,
mit schwindender Hoffnung auf den Vormarsch der Revolution nach
Westen. Sie ging weiter nach Osten, in noch weniger entwickelte Länder. In seiner Imperialismustheorie zeigt er die Möglichkeit der Bourgeoisie, durch Korruption der eigenen, Ausbeutung einer fremden
Arbeiterklasse, den inneren Widerspruch nach außen zu bringen, den
Klassenkampf zu internationalisieren. Die soziale Befreiung erscheint
dann in der Form nationaler Befreiungskriege. Sie finden tatsächlich
statt, doch ihr Resultat entspricht weder der Leninschen noch der

Marxschen Erwartung. Oft genug macht diese Befreiung nur den Weg frei für eine eigene kapitalistische oder quasikapitalistische Entwicklung, sie löst ursprüngliche Akkumulationen aus, kaum weniger „blut- und schmutztriefend" als die kapitalistische, und meist verwandelt sie *äußere* Herrschaft nur zurück in *innere* Despotie. Der Stalinterror bleibt dafür das peinlichste Beispiel. Heute stehen die zu merkwürdigen, unterschiedlichen Herrschaftsformen befreiten Länder den alten kapitalistischen gegenüber, deren industrielles Wachstum inzwischen alle Grenzen sprengt. Solche Abweichung von der Theorie ist nicht mehr mit historischen Zufälligkeiten zu begründen, der Fehler ist systematisch, d. h., äußerer Widerspruch der Praxis muß sich als innerer der Theorie selbst zeigen. Ein *Beharren* auf dieser Theorie gegen die Wirklichkeit ist dasselbe wie der *Verzicht* auf sie, dem Dogmatismus der reinen Lehre entspricht immer ein Pragmatismus der schmutzigen Hände, Theorie und Praxis sind nicht mehr miteinander vermittelt und treten sich gegenüber. Eine Kritik der Praxis kann niemand erhoffen, der die Kritik der Theorie nicht geleistet hat.

Die Krise der Newtonschen Physik um die Jahrhundertwende führte nicht zu ihrer totalen Verwerfung. Die Unstimmigkeiten, die sich z. B. bei Newtonscher Behandlung des elektromagnetischen Feldes ergaben, waren nicht in fehlerhafter Entwicklung, sondern im *Ansatz* begründet, in den unformulierten Prämissen. Newtons Physik ist *falsch* in unbegrenzter *Allgemeinheit*, sie ist *richtig* in den abgesteckten Grenzen dieser Prämissen, in ihrer *Besonderheit*. Fehler heißt fehlende Unterscheidung.

AUSBEUTUNG

Marx' entscheidender ökonomischer Ansatz ist die strikte Trennung von Wert und Gebrauchswert, in dieser Trennung ist für ihn alle Entfremdung der Warenproduktion enthalten. Daß der Bourgeois *Wert*, nicht *Gebrauchswert* produziert, macht ihn zum Kapitalisten, trennt ihn vom Menschen; daß der Proletarier den *Wert* seiner Arbeitskraft als Lohn ersetzt bekommt, während sie den *Gebrauchswert* hat, „Quelle von Wert zu sein und von mehr Wert als sie selbst hat"[40], macht ihn zum Ausgebeuteten; daß auf der einen Seite ein unrealisierter Reichtum, auf der andern ein unbefriedigter Mangel entsteht, ist Folge der *Wert*form des Reichtums, der Wertfessel des Gebrauchswerts; Krisen entstehen, weil *Gebrauchswert* sich nicht in *Wert* verwandeln, sich nicht realisieren läßt; Kommunismus endlich ist die *Aufhebung* dieser Wertform und Freisetzung des Reichtums.

Marx setzt ursprünglich der klassischen bürgerlichen Werttheorie (Ricardo) Widerstand entgegen. In dieser bekommt der Arbeiter im Lohn ein Äquivalent für seine Arbeit, und Marx scheint *Äquivalententausch* und *Ausbeutung* zunächst unvereinbar. Es ist später seine wichtigste ökonomische Leistung, gezeigt zu haben, wie Ausbeutung gerade *in* Äquivalententausch stattfinden kann, Enteignung des Lohnarbeiters *ohne* Bruch der Zirkulation, bei Austausch der Waren (z. B. auch der Ware Arbeitskraft) zu ihrem Wert. Das ist keineswegs eine Schwächung der Kritik am Kapitalismus, im Gegenteil: es geht nicht mehr um den Betrug eines *Kapitalisten*, sondern des *Kapitalismus*, er steckt im *Wertgesetz selbst*, er ist systematisch, so trifft die Kritik das System.

Die *Arbeitswertlehre* („Arbeit *bildet* allen Wert") und die Existenz der *Lohnarbeit* („Arbeit *hat* einen Wert") ergeben einen Zirkel: der *Wert* der Ware mißt sich an der darin geronnenen *Arbeit*, und die *Arbeit* soll selbst einen *Wert* haben. „Es ist ein fehlerhafter Zirkel, Tauschwert zum Maß von Tauschwert zu machen, da der messende Tauschwert selbst wieder des Maßes bedarf."[41] Dieser Fatalität ist die bürgerliche Ökonomie nie ganz entgangen – der Zirkel wird erst fruchtbar bei genauer Unterscheidung, mit Marx' Entdeckung der Ware Arbeits*kraft*.

Alle Waren bewegen sich vermittelnd zwischen Produktion und Konsumtion, entstehen in der Produktion, enden in der Konsumtion. Die Arbeitskraft als Ware wird *produziert* vom Lohnarbeiter, der sie verkauft, und *konsumiert* vom Kapitalisten, der sie kauft. Sie hat aber die Besonderheit, daß ihre *Produktion* durch den Lohnarbeiter in der *Konsumtion* seiner Subsistenzmittel besteht, d. h. von Waren, die einen Wert repräsentieren – ihre *Konsumtion* durch den Kapitalisten aber in der *Produktion* von dessen Erzeugnissen, d. h. ebenfalls von Waren mit bestimmtem Wert. Nach der Arbeitswertlehre wird der *Tauschwert* der Arbeitskraft gebildet in ihrer *Produktion* (d. h. entspricht dem Wert der in ihre Konsumtion eingehenden Waren). Ihr *Gebrauchswert* zeigt sich dann in ihrer *Konsumtion* durch den Kapitalisten, in ihrer Eigenschaft, Waren herzustellen, die ihren eigenen Tauschwert übertreffen. Es läßt sich mehr Arbeit aus ihr *heraus*holen, als (in Warengestalt) in sie *hinein*gesteckt wurde, und auf diese Differenz der sie *konstituierenden* und der von ihr *realisierten* Arbeit führt Marx die kapitalistische Ausbeutung zurück: „Die Verlängrung des Arbeitstags über den Punkt hinaus, wo der Arbeiter nur ein Äquivalent für den Wert seiner Arbeitskraft produziert hätte, und die Aneignung dieser Mehrarbeit durch das Kapital – das ist die *Produktion des absoluten Mehrwerts*. […][42] Sie bildet die allgemeine Grundlage des kapitalistischen Systems und den Ausgangspunkt der Produktion des relativen Mehrwerts. Bei dieser ist der Arbeitstag von vornherein in zwei Stücke geteilt: notwendige Arbeit und Mehrarbeit. Um die Mehrarbeit zu verlängern, wird die notwendige Arbeit verkürzt durch Methoden, vermittelst deren das Äquivalent des Arbeitslohns in weniger Zeit produziert wird. Die Produktion des absoluten Mehrwerts dreht sich nur um die Länge des Arbeitstags; die Produktion des relativen Mehrwerts revolutioniert durch und durch die technischen Prozesse und die gesellschaftlichen Gruppierungen.“[43]

An der Darstellung scheint der Klassenkonflikt unmittelbar grafisch greifbar. Der Kapitalist hat das Interesse einer *Erhöhung*, der Proletarier das einer *Senkung* der Mehrarbeit (der Grundlage des Mehrprodukts und des Mehrwerts). Der *Gebrauch*wert der Arbeit (der die Mehrarbeit einschließt) erscheint im Widerspruch zum *Wert* (den die notwendige Arbeit repräsentiert), vom Wert *gefesselt*, da der Arbeiter kein Interesse am Leisten von Mehrarbeit haben kann. Es geht daher nicht um die in Lohnkämpfen verhandelte Erhöhung oder Senkung der Wertdifferenz, sondern um Aufhebung der Wertform überhaupt, d. h. zugleich *der Klassen*, die nach *notwendiger* Arbeit und *Mehr*arbeit getrennt sind. Gilt für die *notwendige* Arbeit, ihren

Wert, Produktion = Konsumtion des Arbeiters, P = K, so für die *gesamte* geleistete Arbeit, ihren *Gebrauchs*wert, P > K. Aus der Differenz bestimmt sich der Mehrwert. Dessen klare Bestimmung setzt die klare Scheidung von notwendiger Arbeit und Mehrarbeit voraus, ohne solche klare Scheidung muß die Mehrwerttheorie wie die Marxsche Klassentheorie in sich zusammenfallen.

Die absolute Grenze der Arbeitszeit ist unbestimmt, es ergibt sich „aus der Natur des Warenaustausches selbst keine Grenze des Arbeitstags, also keine Grenze der Mehrarbeit"[44]. Der Kampf um die Länge des Arbeitstages ist Klassenkampf: „Es findet hier also eine *Antinomie* statt, Recht wider Recht, beide gleichmäßig durch das Gesetz des Warenaustausches besiegelt. Zwischen gleichen Rechten entscheidet die *Gewalt.*"[45] Immerhin lassen sich eine Minimal- und eine Maximalschranke angeben. Das Maximum entspricht der äußersten physischen (oder moralisch bestimmten) Leistungsmöglichkeit des Proletariats, das Minimum der „notwendigen Arbeit" – die Mehrarbeit wäre dann = 0, eine Möglichkeit, die Marx für den Kapitalismus ausschließt. Die „notwendige Arbeit" entspricht dem „Teil des Tags, den der Arbeiter notwendig zu seiner Selbsterhaltung arbeiten muß"[46].

Dieser „Selbsterhaltung" haftet eine Unbestimmtheit an, sie umfaßt eine Breite von Erhaltung der nackten *Existenz* bis zur Erhaltung des Existenz*niveaus*, sie schließt erweiterte oder verminderte Reproduktion ein. Marx macht ursprünglich das Existenz*minimum* zum Wertmaßstab, noch 1858 meint er, „daß der Arbeiter stets nur das notwendige Minimum des Salärs erhält"[47]. Das entspricht der *notwendigen* Arbeit; zum Erhalt von *Mehr*arbeit (Mehrwert) müßte der Kapitalist die Selbsterhaltung des Arbeiters *unter* das Minimum drücken, d. h. den Arbeiter unmittelbar physisch umbringen. Später definierte Marx: „Der Wert der Arbeitskraft ist bestimmt durch den Wert der gewohnheitsmäßig notwendigen Lebensmittel des Durchschnittsarbeiters."[48] Faßt man die Lebensmittel im weitesten Sinn, muß man auch die freie Zeit dazurechnen als die Bedingung ihrer Konsumtion (wie die *Arbeits*zeit ein Maß linearer Arbeit, so die *freie* Zeit ein Maß linearen Verbrauchs; der Wert der Arbeitskraft wird in der Arbeitswertlehre genaugenommen nicht bestimmt durch den Wert der in ihre Konsumtion eingehenden Waren, sondern durch die *Produktion* der Arbeitskraft = Konsumtion der Subsistenzmittel; die Konsumtions*zeit* ist die freie Zeit). Alle Mehrarbeit liegt dann *in der Unschärfe der Durchschnittsbestimmung.* Geht sie darüber hinaus, wird Mehrarbeit einfach zu mehr Arbeit, Mehrwert einfach zu mehr Wert, d. h., der Arbeiter wird *unter Wert* bezahlt, Verelendung, sofern sie nicht im Durchschnitt verschwindet, entspricht einer *Preis-Wert-Differenz*. Die Unbestimmtheit der notwendigen Arbeit, die Unschärfe des Durchschnitts entspricht der *Unschärfe des Konsumtionsniveaus* der Arbeiter.

Wenn Arbeit Wertmaßstab, gemeinsames Maß der Waren sein soll, ist vorausgesetzt, daß sie *sich selber gleich*, d. h., daß Arbeit Arbeit ist: „Um die Tauschwerte der Waren an der in ihnen enthaltenen Arbeitszeit zu messen, müssen die verschiedenen Arbeiten selbst reduziert sein auf unterschiedslose, gleichförmige, einfache Arbeit, kurz auf Arbeit, die qualitativ dieselbe ist und sich daher nur quantitativ unterscheidet."[49] Arbeit verschiedener Intensität, Komplexität, Produktivität ist dabei auf einfache, d. h. endlich auf *mehr* Arbeit zurückzuführen, lineare Arbeit, die sich einfach in der Arbeits*zeit* ausdrückt: „Wie das quantitative Dasein der Bewegung die Zeit ist, so ist das quantitative Dasein der Arbeit die *Arbeitszeit*."[50]

Arbeit höherer Produktivität allerdings ist nicht *mehr*, sondern *andere* Arbeit, Arbeit höherer Organisationsstufe. Sie bildet eine größere Masse *Gebrauchswert*, aber, da sie eben nicht *mehr* Arbeit ist, nicht auch einen höheren *Tauschwert*. Die Arbeit selbst ist „zwieschlächtig", gebrauchswertsetzend (Marx: nützliche, konkrete Arbeit) und tauschwertsetzend (Marx: abstrakte Arbeit), und „Produktivkraft ist natürlich stets Produktivkraft nützlicher, konkreter Arbeit"[51].

Das Problem liegt hier darin, daß die Produktivität nie allgemein und kontinuierlich wächst, daß zunächst ein *Einzelner* die Produktivität steigert, der Allgemeinheit einen Vorsprung abgewinnt. Er produziert jetzt billiger, verkürzt die notwendige Arbeitszeit, produziert mehr Gebrauchswerte bei gleichem Tauschwert, d. h., der Wert, bezogen auf die Ware, sinkt, er sinkt allerdings nur für diesen Einzelnen, nicht für die Allgemeinheit. Über die Gesamtheit betrachtet, wird der Wert *unscharf*. Marx: „Der wirkliche Wert einer Ware ist aber nicht ihr individueller, sondern ihr gesellschaftlicher Wert, d. h., er wird nicht durch die Arbeitszeit gemessen, die sie im einzelnen Fall dem [sic!] Produzenten tatsächlich kostet, sondern durch die gesellschaftlich zu ihrer Produktion erheischte Arbeitszeit. Verkauft also der Kapitalist [...] seine Ware zu ihrem gesellschaftlichen Wert [...], so verkauft er sie [...] über ihrem individuellen Wert und realisiert so einen Extramehrwert."[52] Der Punkt des *Übergangs* von individuellen in gesellschaftlichen Wert läßt sich nicht bestimmen, es bleiben wieder nur eine Maximal- und Minimalschranke, innerhalb derer die Differenz, die allgemeine Änderung der Produktivität, liegt. Es geht auch hier um eine Durchschnittsbestimmung. Die verbilligten Waren gehen nicht als verminderter, aber als verbilligter Konsum in den Wert der Arbeitskraft ein, und durch Sinken der zu ihrer Erhaltung notwendigen Arbeit entsteht der *relative Mehrwert*, auf den sich die Unschärfe zwischen individuellem und gesellschaftlichem Wert überträgt.

War der absolute Mehrwert eine Unschärfe der „notwendigen Arbeit", verursacht durch ein unscharfes Konsumtionsniveau, so entsteht die Unschärfe der „gesellschaftlich notwendigen Arbeit" durch ein ebenso *unscharfes Produktionsniveau*, in dem der relative Mehrwert verschwindet.

„Von gewissem Gesichtspunkt" scheint Marx „der Unterschied zwischen absolutem und relativem Mehrwert überhaupt illusorisch. Der relative Mehrwert ist *absolut*, denn er bedingt *absolute Verlängrung des Arbeitstags* über die zur Existenz des Arbeiters selbst notwendige Arbeitszeit. Der absolute Mehrwert ist *relativ*, denn er bedingt eine Entwicklung der Arbeitsproduktivität, welche erlaubt, die notwendige Arbeitszeit auf *einen Teil des Arbeitstags* zu beschränken. Faßt man aber die *Bewegung* des Mehrwerts ins Auge, so verschwindet dieser Schein der Einerleiheit. Sobald die kapitalistische Produktionsweise einmal hergestellt und allgemeine Produktionsweise geworden, macht sich der Unterschied zwischen absolutem und relativem Mehrwert fühlbar, sobald es gilt, die Rate des Mehrwerts überhaupt zu steigern."[53] Das heißt, der *Betrag* des Mehrwerts läßt nicht erkennen, ob er aus einer Überschreitung oder einer Verminderung der notwendigen Arbeit stammt – seine Bewegung, Steigerung aber entspricht den oben beschriebenen Unschärfen des Produktions- bzw. Konsumtionsniveaus.

Von *historischem* Standpunkt ist Marx offenbar der *relative Mehrwert* Grundlage des Absoluten, nicht umgekehrt: „Braucht der Arbeiter alle seine Zeit, um die zur Erhaltung seiner selbst und seiner Rasse nötigen Lebensmittel zu produzieren, so bleibt ihm keine Zeit, um unentgeltlich für dritte Personen zu arbeiten. Ohne einen gewissen Produktivitätsgrad der Arbeit keine solche disponible Zeit für den Arbeiter, ohne solche überschüssige Zeit keine Mehrarbeit und daher keine Kapitalisten, aber auch keine Sklavenhalter, keine Feudalbarone, in einem Wort keine Großbesitzerklasse. […] Nur sobald die Menschen sich aus ihren ersten Tierzuständen herausgearbeitet, ihre Arbeit selbst also schon in gewissem Grad vergesellschaftet ist, treten Verhältnisse ein, worin die Mehrarbeit des einen zur Existenzbedingung des andern wird."[54] Ursprünglich ist also *nicht Ausbeutung* die Basis des Mehrprodukts, sie wird erst mit der Vergesellschaftung der Arbeit „in gewissem Grad" möglich; es scheint also eher für den absoluten Mehrwert richtig, daß die Arbeitszeit „von vornherein in zwei Stücke geteilt" ist.[55] Die Vergesellschaftung der Arbeit aber ist ein Vorgang, der bis heute anhält: die gesellschaftliche Integration der Arbeitsteilung auf immer höherer Stufe.

ARBEITSTEILUNG

Seit Hölderlin erscheint die Arbeitsteilung als ein Übel (Hyperion: „Handwerker siehst du, aber keine Menschen"[56]). Sie soll verschwinden, doch die Produktivität, deren Basis sie ist, soll bleiben. Marx wünscht die „Aufhebung der alten Teilung der Arbeit"; doch diese Teilung *ist* aufgehoben in ihrer gesellschaftlichen Integration. Arbeit ist *eben darum* gesellschaftliche, konstituiert menschliche Gesellschaft, weil die über die *Individuen* geteilte Arbeit nicht in den Individuen, sondern in der *Gesellschaft* integriert wird.

Im Kapitalismus gibt es zwei grundsätzlich verschiedene Integrationsformen geteilter Arbeit, die *inner*betriebliche der Unternehmen und die *über*betriebliche auf dem Markt. Die gesellschaftliche Teilung der Arbeit ist „Existenzbedingung der Warenproduktion, obgleich Warenproduktion nicht umgekehrt die Existenzbedingung gesellschaftlicher Arbeitsteilung. In der altindischen Gemeinde ist die Arbeit gesellschaftlich geteilt, ohne daß die *Produkte* zu *Waren* werden. Oder, ein näher liegendes Beispiel, in jeder Fabrik ist die Arbeit systematisch geteilt, aber diese Teilung nicht dadurch vermittelt, daß die Arbeiter *ihre individuellen Produkte* austauschen. Nur Produkte selbständiger und *voneinander unabhängiger Privatarbeiten* treten einander *als Waren* gegenüber."[57] „Das Produkt verwandelt sich überhaupt aus dem unmittelbaren Produkt des industriellen Produzenten in ein gesellschaftliches, in das gemeinsame Produkt eines Gesamtarbeiters, d. h. eines kombinierten Arbeitspersonals, dessen Glieder der Handhabung des Arbeitsgegenstandes näher oder ferner stehen."[58]
Marx bemerkt ausdrücklich, „daß der Teilarbeiter *keine Ware produziert.* Erst das *gemeinsame Produkt* der Teilarbeiter verwandelt sich in *Ware.*"[59] Da nur die *Ware* Wert hat, erzeugt auch nur der *Gesamtarbeiter* Wert, folglich auch nur *er* Mehrwert. Das Mehrprodukt ist Erzeugnis der integrierten Arbeit, in der das Ganze mehr ist als die Summe der Teile. Und da die Teilarbeiten erst im Gesamten aufgehoben werden, kann auch das Mehrprodukt nicht aufgeteilt werden, es ist nicht unbezahlte Arbeit des Basisproduzenten, sondern Resultat integrierter Arbeit. Gesamtarbeiter heißt nicht Arbeiterklasse (obwohl andernorts von Marx auch in diesem Sinn benutzt[60]), sondern Werkstatt, Fabrik. An der Spitze dieses Gesamtarbeiters stehen,

sofern Leiter und Integrator der Gesamtarbeit, der Kapitalist bzw. seine Agenten, die Technologen und Manager. „Alle unmittelbar gesellschaftliche oder gemeinschaftliche Arbeit auf größrem Maßstab bedarf mehr oder minder einer Direktion, welche die Harmonie der individuellen Tätigkeiten vermittelt und die *allgemeinen Funktionen* vollzieht [...] Diese Funktion der Leitung, Überwachung und Vermittlung wird zur *Funktion des Kapitals*, sobald die ihm untergeordnete Arbeit kooperativ wird."[61]

„Der Zusammenhang ihrer [der Lohnarbeiter] Funktionen und ihre Einheit als produktiver Gesamtkörper liegen *außer* ihnen, im Kapital, das sie zusammenbringt und zusammenhält. Der Zusammenhang ihrer Arbeiten tritt ihnen daher ideell als *Plan*, praktisch als *Autorität* des Kapitalisten gegenüber, als Macht eines fremden Willens, der ihr Tun seinem Zweck unterwirft."[62] „Die Produktivkraft, die der Arbeiter als *gesellschaftlicher Arbeiter* entwickelt, ist daher *Produktivkraft des Kapitals*."[63] Die Arbeit des Lohnarbeiters als Teilarbeiter ist weder konkret noch abstrakt in Marx' Sinn, sie produziert weder Gebrauchs- noch Tauschwerte. Sie produziert einzig Teilprodukte, die nur einen innerbetrieblichen, ihr ganz entzogenen Sinn haben.

Diese hierarchische Integration der Arbeit ist keine Erfindung des Kapitalismus, sie existiert schon in den ältesten Gemeinwesen und in den Staaten mit, wie Marx es nennt, asiatischer Produktionsweise: „Kolossal zeigt sich die Wirkung der einfachen Kooperation in den Riesenwerken der alten Asiaten, Ägypter, Etrusker usw."[64] Marx zieht selbst einen Vergleich: „Diese Macht asiatischer und ägyptischer Könige oder etruskischer Theokraten usw. ist in der modernen Gesellschaft auf den Kapitalisten übergegangen"[65]. Diese alte Produktionsweise bewältigt durch zentralgeleitete Kooperation Naturgegebenheiten, die zersprengten Einzelproduzenten eine unüberwindliche Barriere wären (Bewässerung). Das Mehrprodukt ist Ergebnis der zentralistischen Organisation selbst, eine Aneignung durch die Basisproduzenten würde sie zerstören. Das Eigentum ist *Gemein*eigentum, im Despoten ist das *allgemeine* Interesse personifiziert. Monument dieses Mehrprodukts, zugleich archaische Selbstdarstellung seines Prinzips ist die *Pyramide*. Die Entfremdung der bürokratisch vermittelten Spitze, ihr Verschwinden im Himmel, die Gottgleichheit des Pharao, ist nur sinnfälliger Ausdruck der entfremdeten Arbeit, der ihr Zweck von außen gesetzt wird, deren Integration, wie in der großen Industrie, Horizont und Fassungskraft des atomisierten Arbeiters übersteigt. Er ist Ameise einer zentralen, schicksalhaften Anordnung, deren Verständnis er ersetzt durch Anbetung. Er liegt nicht auf den Knien vor der unerkannten *Natur*macht, sondern der Macht der *Gesellschaft*, Potenz des *Gesamt*arbeiters, dessen entfremdeter Teil er ist. Die Entfremdung ist aber hier nicht Ausdruck der Warenproduktion, hat mit dieser gar nichts zu tun, das Verhältnis Despot – Basisproduzent entspricht nicht dem von Lohnarbeit und Kapital, es beruht auf keinem Privateigentum – und doch kehrt es, in gewisser Weise, im Verhältnis Kapitalist – Lohnarbeiter wieder.

Im Gegensatz zur kapitalistischen ist bei der asiatischen Produktionsweise der Gesamt*arbeiter* zugleich Gesamt*verbraucher*, der integralen *Produktion* entspricht ein integraler *Konsum*. Das Inkareich war ein hochorganisierter *Wohlfahrtsstaat*, in dem der Despot gerecht und zum Nutzen aller regierte (sein Staat wurde durch Campanellas „Sonnenstaat" sogar Bestandteil der kommunistischen Utopie), in dem aber Disziplinbruch als Rebellion und Ketzerei mit dem Tod geahndet wurde – Disziplin war sein Lebensnerv, ihr Bruch allein dem Gemeinwesen tödlich, es „beruht auf *unmittelbaren* Herrschafts- und Knechtschaftsverhältnissen […] Die kapitalistische Form setzt dagegen von vornherein den freien Lohnarbeiter voraus".[66] Doch ist die Herrschaft durchaus im allgemeinen Interesse. Erst wenn der Despot das in ihm symbolisierte *Allgemein*interesse schlecht verwaltet, es zu seinem *Sonder*interesse, Gemeinbesitz zu Privatbesitz macht, tritt seine negative Seite in Erscheinung, die zufällige Person, die auswechselbar ist und ausgewechselt wird, nicht um die Despotie zu vernichten, sondern gerade um sie wiederherzustellen. Rivalitäten in der Führungskaste haben hier ihren Sinn: es tritt der wahre Gott an die Stelle des angemaßten, um bei nächster Gelegenheit selbst diesem Gesetz zum Opfer zu fallen. Die Produktionsweise hat sich dabei über Jahrtausende „mit der Unwandelbarkeit von Naturverhältnissen reproduziert"[67]; es ist die „*Unveränderlichkeit* asiatischer *Gesellschaften*" so auffallend kontrastiert durch die beständige Auflösung und Neubildung asiatischer *Staaten* und rastlosen Dynastenwechsel"[68]. *Aus sich heraus* hat diese Gesellschaftsordnung nicht höher geführt, sie ging im Zeitalter des Imperialismus unter dem Ansturm der Kolonisation zugrunde.

Dieses hierarchische Integrationsprinzip geteilter Arbeit wird nur verständlich, wenn man zurückgeht bis zum historischen Auftreten der Arbeit selbst, und das heißt der Menschheit. Typisch menschlich, ja Akt der Menschwerdung selbst, ist die Scheidung von *Produktion* und *Konsumtion*. Beim Tier sind sie in unmittelbarer Einheit, es produziert, indem es konsumiert, ein *Mehr*produkt ist ebenso unmöglich wie unnötig. Die Verselbständigung von Produktion und Konsumtion heißt aber Entstehung der *Arbeit*, sie ist Produktion, in der die Konsumtion als *Zweck festgehalten* wird, ist Produktion *für* Konsumtion, aber sie fällt nicht mehr mit ihr zusammen. Arbeit ist *zweckmäßige* Tätigkeit, indem der endliche Zweck in ihr anwesend bleibt: „Was aber von vornherein den schlechtesten Baumeister vor der besten Biene auszeichnet, ist, daß er die Zelle in seinem Kopf gebaut hat, bevor er sie in Wachs baut. Am Ende des Arbeitsprozesses kommt ein Resultat heraus, das beim Beginn desselben schon in der *Vorstellung des Arbeiters*, also schon *ideell* vorhanden war. Nicht daß er nur eine Formveränderung des Natürlichen bewirkt; er *verwirklicht* im Natürlichen zugleich *seinen Zweck*, den er *weiß*, der die Art und Weise seines Tuns als Gesetz bestimmt und dem er seinen Willen unterordnen muß."[69]

Arbeit ist antizipiertes Tun, d. h. sie ist nicht nur geschieden nach Produktion/Konsumtion, sie ist auch geschieden nach Denken/Tun, nach Plan und Ausführung, und Marx' Beispiel enthält insgeheim die Gegenübersetzung von Hand- und Kopfarbeit, hier sogar formuliert als *Herrschaft* – Unterordnung des Willens unter ein Gesetz, das ganz allgemein *nicht* das eigne, selbstgegebene ist. Arbeit*steilung* ist nur möglich, wenn die Teilung geistig aufgehoben, die Integration im Kopf antizipiert wird, im Denken der integrale Sinn des geteilten Tuns anwesend bleibt.

Der Teilung Denken/Tun und Produktion/Konsumtion entsprechen frühe Formen der Herrschaft, äußerliche Integration des Geteilten: die Herrschaft der Priester und Beamten bzw. der Ideologen und Bürokraten bzw. des Gottes und des Königs. Ihre Herrschaft hob das Geteilte auf, hielt es mindestens zusammen und war daher im *Allgemeininteresse* (bei Marx schließen Herrschaft und Allgemeininteresse sich aus), doch enthielt die Teilung Produktion/Konsumtion die Möglichkeit einer Polarisierung des Reichtums in Parasitismus und Elend, der Spaltung in eine Klasse bloßer *Konsumenten*, die das Mehrprodukt auffrißt, und eine bloßer Produzenten auf dem Existenzminimum.

Die Teilung Denken/Tun enthält die Möglichkeit des Bildungsprivilegs, des falschen, manipulierten Bewußtseins, des Informationsmonopols der Eingeweihten zur Unterdrückung der Nichteingeweihten. In beiden Entartungsfällen ist Herrschaft *nicht mehr* im Allgemeininteresse, dies ist zum *Sonderinteresse* entartet, und Herrschaft dient zur Befestigung dieses Sonderinteresses. Diese Herrschaft provoziert selbst ihren Sturz, doch nicht Sturz der Herrschaft überhaupt, sondern ihres Entartungsfalls.

Die einfache Warenproduktion reicht zurück bis in die Zeit der Gentilordnung und der asiatischen Despotien, doch sie blieb beiläufig; zur beherrschenden Form entwickelte sie sich ausschließlich in Europa. In der asiatischen Produktionsweise sind Einzelheit und Allgemeinheit, Basis und Spitze direkt vermittelt. „Hier steht eine an und für sich seiende Macht da; und der Mensch ist an und für sich nur, insofern er sich zu diesem allgemeinen Substanziellen verhält."[70] Im europäischen Feudalismus reißt solche Vermittlung ab, es drängt sich dazwischen die feudale *Partikularität*. Hier tritt nicht mehr *ein* gesellschaftlicher Gesamtarbeiter auf, sondern *viele*. Auf diesem Boden konnte der Kapitalismus die Warenproduktion verallgemeinern. Warenproduktion setzt eine gewisse Höhe gesellschaftlicher Arbeitsteilung voraus, in der Produktion und Konsumtion sich personell, als *Produzent* und *Konsument*, gegenübertreten. Zwischen ihnen vermittelt dann die *Ware*.

Marx hat in den „Grundrissen" die Dialektik Produktion/Konsumtion entwickelt,[71] er übersieht aber die historische *Genesis* ihrer Teilung, und er stellt die Ware nicht als äußeren Vermittler der Teilung heraus. Durch die *Ware* sind die einzelnen Produzenten/Konsumenten auf dem Markt verbunden, ihre Integration ist die *Zirkulation*. An die Stelle der *vertikalen* Vermittlung über die Spitze der Totalität tritt hier die *horizontale*, an die Stelle der Steuerung die Regelung. Regulator ist das *Wertgesetz*. Die Ware vermittelt nur durch *Austausch*, d. h., sie vermittelt zwischen Produzent und Konsument nur, wenn der Produzent A zugleich Konsument, der Konsument B zugleich Produzent ist, wenn dem Warenweg $P_A \to K_B$ der Warenweg $P_B \to K_A$ entspricht, die Ware A einer Ware B. Beide Waren haben dann *gleichen* Wert, sie sind äquivalent. Der Wert erscheint in der Verdoppelung der Ware, ihrer Reflexion; es ist die eine *in* der andern, als *Bedingung* der andern, *Ersetzung* der andern, die Wert*seele* des Waren*körpers*, die bewahrte Abwesenheit der andern (Kredit), das geronnene Zeichen der andern (Geld). Warenproduktion ist Produktion *für sich*, doch vermittelt über *den andern*, der Wert *fixiert* diese Vermittlung.

49

Dem Begriff des Werts aber geht voraus der des *Eigentums*. Das Eigentum ist nicht, wie der Wert, *vermittelt* über den andern, es ist nur *festgehalten* gegen den andern, ist nur Produkt für Konsum, P → K, nicht zugleich die Umkehrung, ist ein Ding, das *schon produziert*, aber *noch nicht konsumiert* ist. Hier ist Eigentum noch identisch mit Reichtum, Wert mit Gebrauchswert. Die *Ware* setzt einen entwickelteren Eigentumsbegriff voraus, sie ist *Wechsel* des Eigentums, Eigentum in *Bewegung*, sie verlangt eine rechtliche *Sicherung*, Sicherheit des *Verkehrs*. Dem Gegenüber Produzent/Konsument entspricht hier zugleich ihre Personalunion $P_A = K_A$, $P_B = K_B$. Über diese Partner kommt ein Austausch in Bewegung, dessen allgemeine Bedingung P = K bleibt, das Wertgesetz. Im Wert ist die *Spannung* der beiden Seiten bewahrt, ihre wechselseitige Bezogenheit, ihr Nicht-Aufgehobensein, ihr nicht realisiertes Füreinander, ihre aufgeschobene Verwirklichung ineinander, ihre wechselseitige Bedingtheit. Das widerspricht dem Marxschen Sprachgebrauch. Dieser sieht, Ricardo folgend, den Wert als geronnene *Arbeit* und führt dann als Bedingung ein, daß diese Arbeit „nützliche", d. h. auf ein wirkliches Bedürfnis gerichtet sei. Dadurch ist aber auch bei ihm die Produktion positiv, die Konsumtion negativ im Wert enthalten, auch bei ihm ist der Gebrauchswert die *ältere Schicht*, *Voraussetzung* des Tauschwerts. Das Bestehen *allein* auf dem *Arbeits*wert ist aber so einseitig wie das umgekehrte Bestehen allein auf der *Verbraucher*seite (z. B. in der Grenznutzentheorie).

Die Scheidung von Produktion und Konsumtion geht in mehreren historischen Stufen vor sich. Mit der ersten Stufe der Entfremdung, dem Heraustreten aus dem Tierreich, steht ein *Gebrauchswert* einem *Bedürfnis* gegenüber. Auf dieser Stufe können hohe Formen gesellschaftlicher Integration der Arbeitsteilung erreicht werden (asiatische Produktionsweise), und wenn die lebendige Vermittlung des Allgemeinen und Einzelnen aussetzt, kann der Reichtum polarisieren.

In der einfachen Warenproduktion steht dem *Tauschwert* ein *Bedarf* gegenüber. Der Tauschwert muß nicht auf einen Bedarf stoßen, auch wenn der Gebrauchswert noch ein Bedürfnis findet; denn der Gebrauchswert muß als Tauschwert erst *realisiert*, das Bedürfnis als Bedarf *zahlungsfähig* sein (die Bedingung der Wechselseitigkeit des Austauschs). Der Reichtum wird in die Wertform gepreßt; das Wertgesetz ermöglicht, „daß in einem Lande *Überfluß* von Produkten stattfinden kann, obgleich bei der Mehrzahl der große *Mangel* an einfachen Lebensmitteln"[72] [herrscht]. Statt des *Gemein*eigentums setzt der Wert das *Privat*eigentum voraus.

Hierarchisch integrierte und über einfache Warenzirkulation integrierte Arbeitsteilung laufen historisch unverbunden nebeneinander her. Erst der Kapitalismus schüttelt alle hierarchische Despotie – soviel davon im Feudalismus steckte –, alle äußere Herrschaft ab und erzeugt die Despotie *aus der Warenproduktion heraus* neu. Herrschaft, vorher *über* der Sphäre der Zirkulation, sinkt *unter* diese ab; die Zirkulation, vorher der gesellschaftlichen Hierarchie untergeordnet, ist nun die oberste Vermittlung der vielen selbst hierarchisch organisierten Gesamtarbeiter. *Frühere* Gesellschaftsformen bieten „einerseits das Bild einer plan- und *autoritätsmäßigen* Organisation der gesellschaftlichen Arbeit, während sie andererseits die Teilung der Arbeit innerhalb der Werkstatt ganz ausschließen"[73], die jetzt entscheidend wird. Die Arbeitsteilung beginnt sich *unterhalb* der Zirkulationsebene erst richtig zu entfalten. Nach *Eigentum* und *Wert* erscheint die dritte Stufe der Vermittlung Produktion/Konsumtion: das *Kapital*. Man kann für das Kapital die Formel annehmen

$P = K$[74]

$P > K$.

Wert ($P = K$) und Gebrauchswert, Eigentum, Reichtum ($P > K$) sind darin vereinigt, seine Produktion ist „Einheit von Produktions- und Zirkulationsprozeß"[75].

Die Einheit von toter ($P = K$) und transzendierender ($P > K$) Eigenschaft beschreibt Marx: „Indem der Kapitalist Geld in Waren verwandelt, die als Stoffbildner eines neuen Produkts oder als Faktoren des Arbeitsprozesses dienen, indem er ihrer toten Gegenständlichkeit lebendige Arbeitskraft einverleibt, verwandelt er *Wert*, vergangne, vergegenständlichte, *tote* Arbeit in *Kapital, sich selbst verwertenden Wert*, ein beseeltes Ungeheuer, das zu ‚arbeiten' beginnt"[76]. Um das zu ermöglichen, muß einerseits ein bereits akkumuliertes Kapital, andererseits der freie Arbeiter, der seine Arbeitskraft zu verkaufen hat, vorhanden sein: „Der Prozeß, der das Kapitalverhältnis *schafft*, kann also nichts andres sein als der *Scheidungsprozeß des Arbeiters vom Eigentum an seinen Arbeitsbedingungen*, ein Prozeß, der einerseits die gesellschaftlichen Lebens- und Produktionsmittel *in Kapital verwandelt*, andrerseits die unmittelbaren Produzenten in *Lohnarbeiter*. Die sog. *ursprüngliche Akkumulation* ist also nichts als der *historische Scheidungsprozeß von Produzenten und Produktionsmittel*."[77]

Marx betont diese „Expropriation des Arbeiters", da sie den Fortgang zur „Expropriation der Expropriateure" gestattet. Entscheidend aber ist, daß der „unmittelbare Produzent" bei diesem Vorgang nicht unmittelbarer Produzent bleibt. Der Lohnarbeiter ist wesentlich *Teil*arbeiter, er produziert nur noch *mittelbar*, vermittelt über das Kapital. Im Betrieb wird seine Arbeit nicht nur mit dem ihm entfremdeten Produktionsmittel *vereinigt*, sondern über dieses zur Gesamtarbeit *integriert*. Die kapitalistischen Gesamtarbeiter sind über den Markt vermittelt, die proletarischen Teilarbeiter über das Kapital. Hatte bis dahin die Warenproduktion mit der Scheidung Denken/Tun nichts zu schaffen, so wird sie jetzt die Haupttendenz innerhalb der Gesamtarbeiter. Während die Integration über den Markt *spontan* geschieht, ist die über das Kapital *planmäßig*, die „Anarchie der *gesellschaftlichen* und die Despotie der *manufakturmäßigen* Arbeitsteilung"[78] bedingen einander: „Man kann […] als allgemeine Regel aufstellen, [daß,] je weniger die Autorität die Arbeitsteilung innerhalb der Gesellschaft bestimmt, desto mehr die Arbeitsteilung im Innern der Werkstatt sich entwickelt, und dort um so mehr der Autorität eines einzelnen unterworfen ist. Es stehen also die Autorität in der Werkstatt und die in der Gesellschaft in bezug auf die Arbeitsteilung in *umgekehrtem Verhältnis* zueinander."[79]

Das anarchische Moment der gesellschaftlichen Integration auf dem Markt ist die *Konkurrenz*. Die kapitalistischen Betriebe schließen nicht zusammen zum gesellschaftlichen Gesamtarbeiter, ihre Vielfalt geht in keine Einheit, ihre Autonomie entsteht nicht aus ihrer wechselseitigen Gleichgültigkeit, sondern aus ihrem *Gegeneinander*. Der Markt ist nicht nur gebunden in eine Sphäre der Zirkulation, er ist auch zerrissen vom Kampf. Es ist die *Konkurrenz*, in die die Kapitalisten eintreten, wenn sie die *Herrschaft* des Feudalismus abschütteln. Der Lohnarbeiter dagegen, der nicht mehr marktunmittelbarer Produzent ist, fällt *aus der Konkurrenz heraus* (in der er als freier Handwerker stand), aber nur, um in ein direktes *Herrschafts*verhältnis, die Unterordnung unter das Kapital, zurückzukehren. Durch die *Konkurrenz* vor allem unterscheidet sich die europäische Produktionsweise von der auf Herrschaft beruhenden asiatischen. *Sie* ist der innere Motor, der immerwährende Stachel, der die kapitalistische Produktionsweise über sich selbst hinaustreibt. Ihretwegen existiert der Marxsche Widerspruch von gesellschaftlicher Produktion und privater Form der Aneignung *nicht*: es gibt keine gesamtgesellschaftliche Produktion.

KONKURRENZ

Marx beginnt seine Analyse des Kapitalismus mit der *Ware*. Der Reichtum kapitalistischer Gesellschaften ist für ihn eine „ungeheure Warensammlung", die einzelne Ware deren „Elementarform".[80] In diesem Ansatz ist die Ware nicht nur ein „Ding, das Bedürfnisse befriedigt"[81], sondern bereits ein *totes* Ding, Element einer toten Menge, abstrahiert eher von einem Krämerregal als von der Wirklichkeit des kapitalistischen Markts, auf dem sich Zirkulation und Konkurrenz unlösbar verquicken.

Zunächst vermittelt die Ware zwischen Produzent und Konsument. Doch stehen sich auf dem Markt nicht nur Produzent/Konsument gegenüber als *Interessenten*, sondern ebenso Produzent/Produzent und Konsument/Konsument als *Konkurrenten*. Das erscheint unmittelbar an der Ware selbst. Es stehen sich auf dem Markt nicht nur die *verschiedenen* Waren gegenüber als *Äquivalente* (ihre qualitative *Verschiedenheit* ist Bedingung der Äquivalenz, d. h. ihrer quantitativen *Gleichheit*), sondern ebenso die *gleichen*, als *Rivalen*. Produzent/Konsument erscheinen nicht mehr als scharfes Gegenüber, sondern als Produzen*ten* (desgleichen Konsumen*ten*) *von sich selbst different*, unscharf. Das Wertgesetz P = K verschwindet hinter solcher Unschärfe, da P sowohl wie K ihre Eindeutigkeit verlieren.

Marx und Engels hielten Zirkulation und Konkurrenz ursprünglich für unvereinbar und lehnten eine Werttheorie daher ab: „Wenn es ein beständiges Gesetz ist, daß z. B. die Produktionskosten in letzter Instanz den Preis (Wert) bestimmen, so ist es ein ebenso beständiges Gesetz, daß dies Verhältnis sich nicht deckt, also daß Wert und Produktionskosten in keinem notwendigen Verhältnis stehen."[82] Marx folgert: „Das wahre Gesetz der Nationalökonomie ist der Zufall."[83]

Mit Ausarbeitung des historischen Materialismus akzeptiert Marx die positive Leistung der Bourgeoisie als Theorie und Praxis, aus seiner Polemik wird Kritik, in „Proudhon" rechnet er mit sich selbst ab. Die Konkurrenz *zerstört* nun nicht mehr den Wert, sie bringt ihn *zur Erscheinung*. „In letzter Instanz stellen Angebot und Nachfrage die Produktion und die Konsumtion einander gegenüber, aber Produktion und Konsumtion begründet auf den Austausch zwischen einzel-

nen"[84]. Das Wertgesetz wirkt in der Konkurrenz als „äußeres Zwangs-
gesetz", das sich objektiv, d. h. in den bewußtlos agierenden Subjek-
ten, durchsetzt: „Während, auf Basis der kapitalistischen Produktion,
der Masse der unmittelbaren Produzenten der gesellschaftliche Charakter ihrer Produktion in der Form streng regelnder Autorität und
eines als vollständige Hierarchie gegliederten, gesellschaftlichen
Mechanismus des Arbeitsprozesses gegenübertritt – welche Autorität ihren Trägern aber nur als Personifizierung der Arbeitsbedingungen gegenüber der Arbeit, nicht wie in fruheren Produktionsformen
als politischen oder theokratischen Herrschern zukommt –, herrscht
unter den Trägern dieser Autorität, den Kapitalisten selbst, die sich
nur als Warenbesitzer gegenübertreten, die vollständigste Anarchie,
innerhalb deren der gesellschaftliche Zusammenhang der Produktion
sich nur als übermächtiges Naturgesetz der individuellen Willkür
gegenüber geltend macht."[85]

Die zufälligen Produzenten produzieren ins Blaue, die zufälligen
Konsumenten konsumieren, was da ist, das Wertgesetz $P = K$ stiftet
darin die Notwendigkeit. (Beim Wert einseitig als „Arbeitswert" hat
das keinerlei Evidenz, wohl aber beim Wert als wechselseitiger Bedingtheit Produktion/Konsumtion.) Es genügt nicht, daß ein Produkt
real ist, es will *realisiert* sein, es genügt nicht, daß eine Ware ver-
wendbar ist, sie muß *verwertbar* sein. Nichtrealisierter Wert, nicht-
bezahlter Bedarf zeitigen nur latenten oder virtuellen Wert. Bei $P > K$
sinkt der Preis *unter* Wert, bei $P < K$ steigt er *darüber*. Produktion/
Konsumtion erscheinen als Angebot/Nachfrage, der Preismechanismus drängt aber auf die Balance, das Wertgesetz setzt sich durch, hinter $P < K$ [Zeichen eingesetzt] erscheint $P = K$ als das Wesentliche:
„Nur als inneres Gesetz, den einzelnen Agenten gegenüber als blin-
des Naturgesetz, wirkt hier das Gesetz des Werts und setzt das gesellschaftliche Gleichgewicht der Produktion inmitten ihrer zufälligen
Fluktuationen durch."[86]

Im Wertgesetz wird die Einzelheit des Produzenten (Konsumenten) zur Allgemeinheit, die Zufälligkeit seiner Existenz zur Notwendigkeit – beides bleibt ihm aber äußerliches, unabwendbares
Schicksal. Der Markt *diktiert* die Preise, der Preismechanismus wirkt
spontan: „Die bei der Teilung der Arbeit im Innern der Werkstatt a
priori und planmäßig befolgte Regel wirkt bei der Teilung der Arbeit
im Innern der Gesellschaft nur a *posteriori* als innre, im Barometer-
wechsel der Marktpreise wahrnehmbare, die regellose Willkür der

Warenproduzenten überwältigende Naturnotwendigkeit. Die manu-
fakturmäßige Teilung der Arbeit unterstellt die unbedingte *Autorität*
des Kapitalisten über Menschen, die bloße Glieder eines ihm gehöri-
gen Gesamtmechanismus bilden; diese gesellschaftliche Teilung der
Arbeit stellt unabhängige Warenproduzenten einander gegenüber,
die keine andere Autorität anerkennen als die der *Konkurrenz*, den
Zwang, den der Druck ihrer wechselseitigen Interessen auf sie aus-
übt, wie auch im Tierreich das bellum omnium contra omnes [Krieg
aller gegen alle] die Existenzbedingungen aller Arten mehr oder minder enthält."[87] Diese Form der Konkurrenz ist *passiv*, sie nimmt die
als Schicksal verhängte Bejahung oder Verneinung der puren Existenz
der einzelnen Produzenten oder Konsumenten ohne Berufung hin.

Doch es gibt eine entgegengesetzte *aktive* Konkurrenz, die Marx
nicht unterscheidet, wie überhaupt nach Aufnahme der Arbeitswertlehre sein Interesse an der Konkurrenz erlahmt. Im „Kapital" erscheint sie nur negativ, als Aussparung, „weil die wirkliche Bewegung
der Konkurrenz außerhalb unsers Plans liegt, und wir nur die innere
Organisation der kapitalistischen Produktionsweise, sozusagen in
ihrem idealen Durchschnitt, darzustellen haben"[88]. Sie war systematisch einem späteren, nicht mehr geschriebenen Werk vorbehalten.

Die *revolutionäre Grundentscheidung* trifft Marx nicht als *Konsequenz* aus seinen ökonomischen Studien, er hat sie vielmehr schon
getroffen, ehe er überhaupt mit dem Studium der Ökonomie beginnt,
sie geht bereits in den Ansatz des „Kapitals" ein. Es gilt, eine Welt zu
verändern, die sich selbst *nicht* mehr verändert, die historisch *am Ende*
ist. Da sie sich *von innen heraus* nicht mehr bewegt, muß sie *von
außen* bewegt, muß sie umgewälzt werden. Das *Negative*, dessen sie
verlustig ging, blüht ihr als ihre *Vernichtung*. Das einzige, was sie noch
gebiert, ist ihr eigener *Totengräber*, das Proletariat. Die Konkurrenz
bedeutet aber *Selbstdifferenz* des „Gesamtkapitalisten", *inneren
Widerspruch* der keineswegs konsistenten Kapitalistenklasse; er ist
bisher ebensowenig in der Monopolisierung verschwunden wie der
äußere *Klassen*widerspruch in der proletarischen Revolution. Der
„Kampf zwischen dem Gesamtkapitalisten, d. h. der *Klasse der Kapitalisten*, und dem Gesamtarbeiter, oder der *Arbeiterklasse*"[89], gewinnt
nicht die von Marx erwartete Schärfe, ja löst sich sogar auf, weil die
Gleichung Gesamtkapitalist – Kapitalistenklasse, Gesamtarbeiter –
Arbeiterklasse nicht stimmt. Der Gesamtarbeiter umfaßt Arbeiter *und*
Kapitalisten, der Gesamtkapitalist schließt deren Differenz (= Kon-

kurrenz) ein. Im *Gegeneinander* solcher Gesamtarbeiter differiert die gesellschaftliche Gesamtarbeit = Gesamtkapitalist von *sich selbst*, wird zur historischen Variablen. Diese Differenz hat, gegen alle Erwartung, den Kapitalismus bis heute lebendig gehalten, die permanente Revolution der Konkurrenz entzieht der sozialen Revolution den Boden.

In der *aktiven* Konkurrenz geht es nicht um das Ja oder Nein eines undurchsichtigen Schicksals über die zufällige *Existenz* des Produzenten (Konsumenten), es geht um deren *Qualität*. Es stehen sich nicht eine zufällige Menge *Produzenten* gegenüber, sondern deren *Produktivitäten* (entsprechend bei den Konsumenten das Konsumniveau – beides entspricht der Unschärfe des absoluten bzw. relativen Mehrwerts). Bei Erhöhung seiner Produktivität kann der Einzelne billiger, zu einem „individuellen Wert" produzieren. Solange er zum „gesellschaftlichen Wert" verkauft, hat er die erhöhte Mühe der Realisierung. Er setzt also den Preis *unter* den gesellschaftlichen, doch *über* den individuellen Wert, er erzielt einen „Extramehrwert", von dem er einen Teil als Kaufprämie läßt. Damit ist die Allgemeinheit herausgefordert, die nun versucht, den Vorsprung einzuebnen. Sie kann das nur, indem sie den (gesellschaftlichen) Wert auf den diktierten *Preis*, letztlich auf den individuellen Wert bringt, d. h. diesen verallgemeinert. Marx: „Jede solche neue Produktionsweise verwohlfeilert die Waren. Er {der Kapitalist} verkauft sie daher ursprünglich über ihrem Produktionspreis, vielleicht {!} über ihrem Wert. Er steckt die Differenz ein, die zwischen ihren Produktionskosten und dem Marktpreis der übrigen, zu höheren Produktionspreisen produzierten Waren besteht. […] Seine Produktionsprozedur steht über dem Durchschnitt der gesellschaftlichen. Aber die Konkurrenz verallgemeinert sie und unterwirft sie dem allgemeinen Gesetz. Dann tritt das Sinken der Profitrate ein […] Sobald die neue Produktionsweise anfängt {!}, sich auszubreiten, und damit der Beweis tatsächlich geliefert ist, daß diese Waren wohlfeiler produziert werden können, müssen die Kapitalisten, die unter den alten Produktionsbedingungen arbeiten, ihr Produkt unter ihrem vollen Produktionspreis verkaufen, weil der Wert dieser Ware gefallen ist, die von ihnen zur Produktion erheischte Arbeitszeit über der gesellschaftlichen steht. Mit einem Wort – es erscheint dies als Wirkung der Konkurrenz –, sie müssen ebenfalls die neue Produktionsweise einführen."[90]

Bringt in der *passiven* Konkurrenz das Wertgesetz den Preis *auf den Wert*, so bringt die *aktive* Konkurrenz den Wert *auf den Preis*.

Setzt sich in der passiven Konkurrenz das Allgemeine (Wert) im Einzelnen (Preis), die Notwendigkeit im Zufälligen durch, so wird *hier* das Einzelne selbst zum Allgemeinen, der Zufall zur Notwendigkeit. In der Konkurrenz ist nach wie vor das „allgemeine und individuelle Interesse diametral entgegengesetzt"[91], aber die *Bewegung* ist im *ersten* Fall vom Individuellen zum Allgemeinen, im *zweiten* vom Allgemeinen zum Individuellen. Der Kapitalist, der historisch aufhört, unmittelbar zu produzieren, wird *nichtarbeitender Konkurrent*, der Arbeiter zugleich *nichtkonkurrierender Produzent*. Gerade dadurch kommt dem Arbeiter alles Interesse an einer *Veränderung* der Arbeit, *Erhöhung* ihrer Produktivität abhanden, er wird zu ihrem *Opfer* – während der Kapitalist dieses Interesse geradezu verkörpert. (Djilas meint – im Gegensatz zu Marx –, daß die Konkurrenz *Folge*, nicht *Grund* der Steigerung der Produktivität sei.[92])

Für Marx sind die Produktionsverhältnisse vor allem *Eigentumsverhältnisse*: „Auf einer gewissen Stufe der Entwicklung geraten die materiellen Produktivkräfte der Gesellschaft in Widerspruch mit den vorhandenen Produktionsverhältnissen oder, was nur ein juristischer Ausdruck dafür ist, mit den Eigentumsverhältnissen, innerhalb deren sie sich bisher bewegt hatten. Aus Entwicklungsformen der Produktivkräfte schlagen sie in Fesseln derselben um."[93] So ist für Marx „die Geschichte aller bisherigen Gesellschaft [...] die Geschichte von Klassenkämpfen"[94], in der Unterdrücker und Unterdrückte miteinander kämpfen und deren Antagonismus sich in der kapitalistischen Epoche zum Antagonismus von Bourgeoisie und Proletariat vereinfacht hat: „Die bürgerlichen Produktionsverhältnisse sind die letzte antagonistische Form des gesellschaftlichen Produktionsprozesses [...]"[95] 1848 scheint Marx das Ende der Bourgeoisie nahe: „Seit Dezennien ist die Geschichte der Industrie und des Handels nur noch die Geschichte der Empörung der modernen Produktivkräfte gegen die modernen Produktionsverhältnisse, gegen die Eigentumsverhältnisse, welche die Lebensbedingungen der Bourgeoisie und ihrer Herrschaft sind. [...] Die Produktivkräfte, die ihr zur Verfügung stehen, dienen nicht mehr zur Beförderung der bürgerlichen Zivilisation[96] und der bürgerlichen Eigentumsverhältnisse; im Gegenteil, sie sind zu gewaltig für diese Verhältnisse geworden, sie werden von ihnen gehemmt [...] Die Waffen, womit die Bourgeoisie den Feudalismus zu Boden geschlagen hat, richten sich jetzt gegen die Bourgeoisie selbst. Aber die Bourgeoisie hat nicht nur die Waffen geschmiedet, die ihr den Tod bringen; sie hat auch die Männer gezeugt, die diese Waffen führen werden – die modernen Arbeiter, die *Proletarier*.["97] Marx entwickelt in den „Grundrissen"[98] die Geschichte der Produktionsverhältnisse als Genesis der Eigentumsformen. Das ursprüngliche „Eigentum, d. h. die Beziehung auf die natürlichen Voraussetzungen seiner Produktion [...] ist dadurch vermittelt, daß er selbst {der Produzent} natürliches Mitglied eines Gemeinwesens [...] Sprache als Produkt eines Einzelnen ist ein Unding. Aber ebensosehr ist es das Eigentum."[99] Später wird es zum *Privat*eigentum durch Formen der *Herrschaft*, innerhalb derer die unmittelbaren Produzenten von den Produktionsmitteln aber *nicht getrennt* sind: „In dem Sklaven- und Leibeigenschaftsverhältnis findet diese Trennung nicht statt; sondern ein Teil der Gesellschaft wird von dem andern selbst als bloß *unorganische und natürliche* Bedingung seiner eigenen Reproduktion behandelt."[100] Doch „der historische Prozeß war die Scheidung bisher verbundner Elemente – sein Resultat ist daher nicht, daß eins der Elemente verschwindet, sondern daß jedes derselben in negativer Beziehung auf das andre erscheint – der freie Arbeiter [...] auf der einen Seite, das Kapital [...] auf der andern".[101] Mit dem Verschwinden der Herrschaft ist die „absolute Scheidung von Arbeit und Eigentum"[102] vollzogen.

Diese Darstellung der Produktionsverhältnisse allein als Eigentumsverhältnisse ist falsch. Sie umfassen auch Arbeitsteilung und -integration; die Geschichte der Produktionsweise ist auch Geschichte der *Produktivität*. Bei Marx stehen den *Produktionsverhältnissen* die *Produktivkräfte* gegenüber, in denen er unmittelbare Produzenten und von ihnen getrennte Produktionsmittel zusammenfaßt. In der Rebellion der gefesselten Produktivkräfte ist daher die Rebellion der Produzenten und der Produktionsmittel, *technische und soziale Revolution* identifiziert. (In der Mehrwerttheorie die „Einerleiheit" von absolutem und relativem Mehrwert.) Die Gegenwart aber erweist das Gegenteil. Im Westen scheint die *technische* Revolution geradezu *an die Stelle* der sozialen getreten, während im Osten die soziale die technische nur *ausgelöst* zu haben scheint, um in ihr zu verschwinden. „Die Geschichte [...] nahm einen so eigenartigen Verlauf, daß sie im Jahre 1918 zwei getrennte Hälften des Sozialismus gebar, eine neben der andern [...] Deutschland und Rußland verkörpern 1918 am anschaulichsten die materielle Verwirklichung einerseits der ökonomischen, produktionstechnischen, sozialwirtschaftlichen Bedingungen und andererseits der politischen Bedingungen für den Sozialismus."[103] Marx hat nicht vorausgesehen, daß einmal eine Befriedigung des Proletariats möglich sein würde *ohne seine Befreiung*, seine Saturierung ohne Verschwinden der Ausbeutung. Er hat nicht vorausgesehen, daß die Revolution, wo sie stattfand, Entfremdung nicht beenden würde, und wo sie *nicht* stattfand, Verelendung, die doch ihr handgreiflicher Ausdruck schien, verschwinden könnte bei *wachsender* Entfremdung.

Die Gesellschaftsformationen unterscheiden sich nicht nur den *Eigentumsformen*, sondern auch der *Produktivität* nach. Die Höhe der Produktivität ist ganz allgemein die *Integrationsstufe gesellschaftlicher Arbeitsteilung* bzw. der Grad der Vergesellschaftung der Arbeit überhaupt; Erhöhung der Produktivität heißt allgemein Integration erweiterter Arbeitsteilung auf *höherer* Stufe. Die Integration tritt auf in spezifischen Eigentumsformen, deckt sich aber nicht damit und verschwindet nicht mit ihnen. (Marx dagegen: „Übrigens sind Teilung der Arbeit und Privateigentum identische Ausdrücke – in dem einen wird in Beziehung auf die Tätigkeit dasselbe ausgesagt, was in dem andern in bezug auf das Produkt."[104]) Die Arbeit der „unmittelbaren Produzenten", der „subjektiven Produktivkräfte" ist immer mehr oder weniger gesellschaftlich vermittelte *Teil*arbeit – was wiederum nicht identisch ist mit Trennung von den Produktionsmitteln, Trennung der Arbeit vom Eigentum, mit dessen Aneignung daher nicht aufgehoben wird. Herrschaft ist nicht nur Schutz polarisierten Eigentums, sondern autoritäre Integration der Arbeitsteilung, die mit dem privaten Eigentum an Produktionsmitteln nicht zugleich verschwindet.

Marx hat die Dialektik der Sprengung enger Produktionsverhältnisse durch die Produktivkräfte abstrahiert von der *bürgerlichen Revolution*, denn in der asiatischen oder antiken Produktionsweise findet sie sich nicht, sie veränderten sich *nicht von innen heraus*. Einzig „die Bourgeoisie kann nicht existieren, ohne die Produktionsinstrumente, also die Produktionsverhältnisse, also sämtliche gesellschaftlichen Verhältnisse fortwährend zu revolutionieren. Unveränderte Beibehaltung der alten Produktionsweise war dagegen die erste Existenzbedingung aller früheren industriellen Klassen. Die fortwährende Umwälzung der Produktion, die ununterbrochene Erschütterung aller gesellschaftlichen Zustände, die ewige Unsicherheit und Bewegung zeichnet die Bourgeoisieepoche vor allen früheren aus."[105] Diese Bewegung aber entstammt nicht dem *Klassen-*, sondern dem *Konkurrenz*kampf, die kapitalistische Produktionsweise ist darin gar keine *bestimmte*, sondern gerade die Veränderung, die Negation aller bestimmten Produktionsweise; die Umwälzung der Produktion, die permanente Revolution der gesellschaftlichen Verhältnisse geschieht *innerhalb der kapitalistischen Produktionsweise selbst*, macht diese selbst aus, sie ist selbst ihre eigene beständige Transformation. Die als Konkurrenz erscheinende Differenz des gesellschaftlichen Gesamtarbeiters von sich selbst geht in dessen dauernde historische Veränderung [über], die äußere Differenz der Gesamtarbeiter in deren innere Differenzierung. Nicht daß sie nicht mehr wachsen *kann*, ist die Schwierigkeit kapitalistischer Produktion, vielmehr daß sie wachsen *muß*. An die Stelle der drohenden *ökonomischen* Krise tritt die *ökologische*.

In den Ländern des „realen Sozialismus" wurde mit dem Eigentum an Produktionsmitteln die Entfremdung der Arbeit als Arbeits*teilung* nicht aufgehoben, beseitigt wurde mit der Autonomie der Betriebe aber die Konkurrenz, d. h. der permanente Druck auf die Erhöhung der Produktivität, die weitere Forcierung von Arbeitsteilung und -integration. Die friedliche Koexistenz ist aber nichts anderes als die Konkurrenz der Systeme, ausgetragen in der Höhe der Produktivität. Das Verschwinden der Konkurrenz im Osten bedeutet nur Wiedererrichtung von *Herrschaft*, Systeme einer Quasikonkurrenz übertragen den äußeren Konkurrenzdruck auf die Basisproduzenten – doch da der Druck sekundär, allein bestimmt durch die westliche Herausforderung ist, muß dieser Hase, wie er sich in der Ackerfurche auch zu Tode hetzt, immer nur auf den Igel stoßen, der schon da ist.

KRISE

Nach Marx wird „die Selbstverwertung des Kapitals [...] schwieriger im Maße, wie es schon verwertet ist"[106]. „In demselben Verhältnis, [...] worin in dem Produktionsprozeß das Kapital als Kapital größren Raum einnimmt in Proportion zu der unmittelbaren Arbeit, je mehr also der relative Surpluswert wächst – die wertschaffende Kraft des Kapitals –, um so mehr *fällt die Rate des Profits!*"[107] Der „relative Mehrwert", der „als Entwicklung der Produktivkraft der Arbeiter, in *bezug auf den Arbeitstag als Verminderung der notwendigen Arbeitszeit* und in bezug auf die Population als *Verminderung der notwendigen Arbeitsbevölkerung* erscheint"[108], bewirkt im Verhältnis Kapital/Arbeit das *Verschwinden* der Arbeit bzw. die „verhältnismäßige Abnahme der unmittelbaren Arbeit zur Größe der vergegenständlichten Arbeit"[109] als des transzendierenden Moments des Kapitals.

Das Kapital mißt allgemein „den neuproduzierten Wert nicht mehr durch sein reales Maß, das Verhältnis der Surplusarbeit zur notwendigen, sondern an sich selbst als seiner Voraussetzung. [...] das Kapital, so gesetzt als sich verwertender Wert – ist der *Profit* [...] Das Produkt des Kapitals ist der *Profit*", der Profit ist das „Maß seiner Verwertung".[110] Der Kapitalist sieht die Selbstverwertung seines *Gesamt*kapitals (in dem die Lohnkosten, die die Arbeit ersetzen, nur ein Teil sind), ihn interessiert die Wertdifferenz des *Kapitals*, der *Profit*. Für Marx entscheidend bleibt die Wertdifferenz der *Arbeit*, aus der der *Mehrwert* kommt. Die Mehrwertrate beschreibt den Ausbeutungsgrad des *Arbeiters*, sie bezieht die Mehrarbeit auf die notwendige Arbeit bzw. den Mehrwert auf das „variable Kapital", das die Lohnkosten deckt: m : v. Die *Profit*rate beschreibt das Verwertungsverhältnis des *Kapitals*, sie ist nach Marx das Verhältnis von Mehrwert und Gesamtkapital (der Summe aus konstantem und variablen Kapital): m : (c + v). Es sinkt dann die Profitrate bei sinkender notwendiger Arbeit: „Die Profitrate fällt, nicht weil der Arbeiter weniger exploitiert wird, sondern weil im Verhältnis zum angewandten Kapital überhaupt weniger Arbeit angewandt wird."[111] Marx folgert: „Das Kapital ist selbst der prozessierende Widerspruch dadurch, daß es die Arbeitszeit auf ein Minimum zu reduzieren sucht, während es andrerseits die Arbeitszeit als einziges Maß und Quelle des Reichtums setzt."[112]

Schon Marx wunderte sich, daß angesichts der „enormen Entwicklung der Produktivkräfte [...] dieser Fall [der Profitrate] nicht größer oder rascher ist"[113], und sucht entgegenwirkende Ursachen in der Erhöhung der Ausbeutung, Senkung des Lohns unter den Wert der Arbeitskraft, Verbilligung auch der Elemente des konstanten Kapitals usw. „So wirkt das Gesetz nur als Tendenz, dessen Wirkung nur unter bestimmten Umständen und im Verlauf langer Perioden schlagend hervortritt."[114] Die Zeit von hundert Jahren seit Niederschrift sollte genügt haben, das Gesetz schlagend hervortreten zu lassen. Im Zeitalter der Automation, dem Verschwinden „lebendiger", „unmittelbarer" Arbeit aus der Produktion, müßte die Profitrate gegen Null konvergieren, die Selbstverwertung des Kapitals unmöglich werden. Dafür gibt es keine Anzeichen.

Das Versagen des Gesetzes ergibt sich nicht aus „entgegenwirkenden Ursachen", sondern aus seinen falschen Prämissen. Das Mehrprodukt läßt sich nicht auf „unmittelbare Arbeit" beziehen, sondern nur auf die *Gesamt*arbeit, der der Kapitalist vorsteht, es ist Resultat *integrierter Teilarbeit*, nicht der *Ware Arbeitskraft*. Deren Arbeit wird selbst immer vermittelter und unlebendiger, sie wird nicht quantitativ aus der Produktion *hinausgedrängt*, sondern qualitativ *verwandelt*, sie wird nicht „erspart", sondern disqualifiziert. Die Einzelarbeit verliert immer mehr ihre eigene integrale Kraft, Integration wird ihr äußerlich, bis sie endlich, Arbeitsatom, ersetzt werden kann durch die lineare Ausführung des Automaten. In diesem Vorgang wird die Arbeit „mehr und mehr rein *abstrakte Tätigkeit*, rein mechanische, daher gleichgültige, gegen ihre besondre Form indifferente Tätigkeit, bloß *formelle* Tätigkeit, oder, was dasselbe ist, bloß *stoffliche*, Tätigkeit überhaupt, gleichgültig gegen jede Form"[115]. Kern des Vorgangs ist die Entfremdung ihres integralen Sinns: „Die Scheidung der *geistigen Potenzen* des Produktionsprozesses von der Handarbeit und die Verwandlung desselben in *Mächte des Kapitals über die Arbeit* vollendet sich [...] in der auf Grundlage der Maschinerie aufgebauten großen Industrie. Das Detailgeschick des individuellen, entleerten Maschinenarbeiters verschwindet als ein winzig Nebending vor der Wissenschaft, den ungeheuren Naturkräften und der gesellschaftlichen Massenarbeit."[116]

Für Marx vollendet sich die Arbeitsteilung in der *Lohnarbeit*, ist Arbeit, „wie sie dem Kapital gegenübersteht [...] nicht diese oder jene

Arbeit, sondern Arbeit schlechthin, abstrakte Arbeit"[117]. Als ganz quantitative bildet sie den *Wert*. Doch gerade auf die Linearität der Arbeits*zeit* läßt sich Arbeit nicht bringen, da die „notwendige" Arbeitszeit ständig sinkt. Die Arbeitsteilung *vollendet* sich nicht in der Lohnarbeit, sie nimmt jenseits der Lohnarbeit vielmehr vorher nicht bekannte Ausmaße an. Abstrakte Arbeit ist nicht *Arbeit* schlechthin, sondern *Teilarbeit* schlechthin, g*eteilte* Arbeit, der das *Ganze fremd* geworden ist, *entfremdete* Arbeit. Lohnarbeit ist abstrakte Arbeit, weil sie *Teil*arbeit ist, nicht weil sie Tauschwert produziert – das tut allein der Gesamtarbeiter. Die Grenze der Arbeitsteilung ist mit dem einfachen Erscheinen der Ware Arbeitskraft nicht erreicht, es eröffnet sich vielmehr ein völlig neuer Horizont der Arbeitsteilung. Als Grenze erscheint erst die völlige Sinnleere des Arbeits*atoms*, abstrakte Arbeit schlechthin, die wahrhaft auf den bloßen Zeitablauf reduzierte „notwendige Arbeit". Hier wird der Übergang von menschlicher zu rein physikalischer Arbeit vollzogen: Nimmt man *physikalische* Arbeit als Energieübertragung bei wachsender *Entropie, menschliche* Arbeit als Energieübertragung mit wachsender *Information,* so ist abstrakte Arbeit der Punkt des Übergangs, Arbeit *ohne* Information – die Information steht ihr vielmehr als Integration des Gesamtarbeiters gegenüber, sie wird endlich in den Automaten eingebaut – der Mensch „tritt neben den Produktionsprozeß"[118].

Die Arbeit des Denkens, die die *Teil*arbeit im *Ganzen* aufhebt bzw. die Aufhebung antizipiert, die die *Einzel*arbeit ver*allgemeinert,* nennt Marx „allgemeine Arbeit" – es ist für ihn vor allem die *Wissenschaft.* Sie ist die planmäßige Aufhebung der Arbeitsteilung, im Plan vorweggenommene Antizipation des Endprodukts – der Turm wird geistig von der *Spitze* her gebaut. Marx sah nicht, daß die *abstrakte Arbeit* im *abstrakten Denken* ihre Entsprechung hat.

Die alte Teilung Denken/Tun erreicht mit dem Frühkapitalismus eine neue Stufe. Zur Zeit *Galileis* spaltet [sich] das alte Handwerk in eine manuelle und eine spirituelle Seite: geistige Entleerung der manuellen Arbeit, der Abfall des Geists vom Physischen; *Arbeiter* und *Wissenschaftler* sind das Ergebnis. Der *materiellen* Akkumulation, in der Arbeiter und Kapitalist sich gegenübertreten, entspricht eine *geistige.* Parallel zur Scheidung des Produzenten von den Produktionsmitteln verläuft der Zerfall der alten Universitas litterarum; Bacons „Wissen ist Macht" zeigt die Entfremdung – das an sich machtlose Wissen offeriert sich der an sich geistlosen Macht zum Gebrauch. Um Wissen-

schaft zur *Anwendung* fähig zu machen, mußte eine Entwicklung vor-
aufgegangen sein ähnlich der, die die *Arbeit* zur Anwendung fähig
machte. Wertfreiheit der Wissenschaft ist die Bedingung ihrer Verwertbarkeit – unbrauchbar war das Geistige, das Wert und Zweck in
sich selbst trug. Wie in der Arbeitsteilung die verschiedenen positiven Arbeiten, denen ihr Zweck von außen gesetzt wird, [einander]
gegenübertreten, so stehen die positiven Wissenschaften, nach Fä-
chern getrennt, einander gegenüber. Die Proletarisierung des Arbeiters findet ihre Entsprechung in der Spezialisierung des Wissenschaftlers, geistiges Pendant der Lohnarbeit ist die *Lohnwissenschaft*.
Solche Theorie hat keine Praxis mehr, denn diese divergiert in *Anwendung* und *Experiment*. Die Physiker, die die Bombe bauten, sahen sie
zur Anwendung den Politikern ausgeliefert und protestierten ver-
geblich dagegen. Lohnarbeit und Lohnwissenschaft beginnen einander zu ähneln, die Verwissenschaftlichung des Arbeiters wird begleitet von der Proletarisierung des Wissenschaftlers. Dessen Arbeit aber
geht in die Marxsche Formel vom Fall der Profitrate nicht ein, sie
beschreibt vielmehr nur das Verschwinden des alten Proletariats, d. h.
eine Seite des Typwandels des Arbeiters.

Tendiert bei Steigerung der *Produktivität* der *Wert nach unten*
durch Verminderung des zugesetzten *Neu*werts, so tendiert durch die
allgemeine *Überproduktion* des Kapitalismus der *Preis unter Wert*.
Alle kapitalistischen Krisen sind Realisationskrisen, immer widerspricht die Realisierung (P = K) letztlich der Mehrproduktion (P > K),
komme sie aus Überschreitung oder Senkung der notwendigen
Arbeit. Das reale Mehrprodukt entspricht der Formel P > K, das rea-
lisierte der Formel P = K, die Unausweichlichkeit der Krise steckt
daher letztlich schon im Mehrwert selbst: „Die *wahre Schranke* der
kapitalistischen Produktion ist *das Kapital selbst*, ist dies: daß das
Kapital und seine Selbstverwertung als Ausgangspunkt und End-
punkt, als Motiv und Zweck der Produktion erscheint; daß die Produktion nur Produktion für das *Kapital* ist und nicht umgekehrt die
Produktionsmittel bloße Mittel für eine stets sich erweiternde Gestaltung des Lebensprozesses für die *Gesellschaft* der Produzenten sind
[…] Das Mittel – unbedingte Entwicklung der gesellschaftlichen Produktivkräfte – gerät in fortwährenden Konflikt mit dem beschränkten Zweck, der Verwertung des vorhandnen Kapitals."[119]
Das konkurrenzgepeitschte Kapital muß die Produktion ständig
ausdehnen, muß sich ununterbrochen *erweitert* reproduzieren, es

muß aber ebenso, um das Mehrprodukt zu realisieren, den Konsum nachholen. Für Marx ist das *im* Kapitalismus unmöglich, für ihn widerspricht die ungeheure Produktivkraft „der, relativ zum wachsenden Reichtum, immer schmaler werdenden Basis, für die diese ungeheure Produktivkraft wirkt, und den Verwertungsverhältnissen dieses schwellenden Kapitals"[120]. Die Lohnkämpfe des Proletariats, die Existenz des Marxismus selbst haben, indem sie eine Erweiterung der Konsumtion erzwangen, *systemstabilisierend* gewirkt – der Kapitalismus *kann* die Konsumtion erhöhen, er lebt nicht vom relativen oder absoluten Minderkonsum des Arbeiters. Doch bleibt eine der Erweiterung der Produktion entsprechende Erweiterung der Konsumtion problematisch: an die Stelle gesellschaftlicher *Integration* von Produktion und Konsumtion tritt deren sinnloses *Wachsen*. Für Marx *muß* der Reichtum im Kapitalismus polarisieren, für ihn ist Verelendung nichts als die Wirklichkeit der Entfremdung. Aber nicht Verelendung, sondern Vergeudung ist das Stigma des Kapitalismus. Der abstrakten *Arbeit* steht nicht die Verelendung gegenüber, sondern der abstrakte *Verbrauch*, der entfremdeten *Produktion* die entfremdete *Konsumtion*.

War das Subjekt in der *Arbeitszeit* in der *Gesellschaft*, doch der Gesellschaft als Zwang, so schien in der *Freizeit* seine Freiheit realisiert, es schien *bei sich* zu sein. In Wahrheit fällt es aus der gesellschaftlichen Zwangsarbeit nur in das Vakuum der Asozialität, in der es sich selbst als Hohlheit und Leere, als Einsamkeit, Isolation, Ohnmacht antrifft – *außer* der Gesellschaft. Freizeit als Freiheit nicht *in*, sondern *von* der Gesellschaft ist inhaltslos, diese Leere füllt der Konsum. Ist die abstrakte Produktion *Verlust* des Ich, dessen *Untergang* in der Gesellschaft, so *bestätigt* es sich hier, behauptet sich im Verbrauch, nimmt den Konsum als *Tribut* der Gesellschaft. Der Einzelne ist jetzt ebenso abstrakt der Herr – der Kunde ist König –, wie er vorher abstrakt Knecht war, Gesellschaft erscheint nur noch als abstrakte Bedürfnisbefriedigung, abstrakter, parasitärer Verbrauch, leere Vernichtung leerer Werte, das verzweifelte Bedürfnis dessen, dem letztlich *alles* fehlt. Die Produktion wird zur Negation, die Konsumtion zur Affirmation des Einzelnen – die Gesellschaft frißt ihn, und er frißt die Gesellschaft. Wer in der Arbeit von der Zeit totgeschlagen wurde, schlägt nach der Arbeit die Zeit tot. Ist die Arbeit zur leeren, abstrakten, linearen, letztlich *passiven* Aktivität geworden, so ist die Freizeit endlich nichts als leere, unbefriedigte *Passivität*, und wie die Arbeit manipuliert ist, so lädt auch sie zur Manipulation ein. Hier wie dort nimmt die übermächtige Gesellschaft das Individuum bei der Hand – ein Bild der Verelendung, trostloser und aberwitziger als der Hunger: der Arbeiter als Verbraucher. *Was* verbraucht wird, wird immer gleichgültiger – Mallorcareise, die Werke von Marx oder der neueste Mercedes, alles wird zur Selbstbestätigung. Das Leben eine Spirale zwischen Betrieb und Supermarkt, der vollkommenen Macht der Gesellschaft über das Individuum in der Zwangsarbeit und der vollkommenen Macht des Individuums über die Gesellschaft, die als wehrloser Garten Eden nur wartet, ergriffen, ausgepackt und vernichtet zu werden. Die modernen Ludditen zünden Kaufhäuser an. Ein anderer Fluchtversuch aus solch passivem, unlebendigem Leben und zugleich seine eigentliche Erfüllung ist das Rauschgift, die chemisch dosierte Einnahme des Himmels, das passive Glück par excellence.

Seit Marx haben sich zwei Verschiebungen der Ausbeutung ergeben. Die erste brachte eine Saturierung des Proletariats durch Ausbeutung der *Kolonien*. Mit der zweiten verschwindet auch diese in der Ausbeutung der *Natur* – der Parasitismus wird verallgemeinert. Die allgemeine Krise ist nur der Zustand einer *von der Natur* entfremdeten Gesellschaft. Naturbeherrschung, der Triumph des abstrakten *Denkens*, und *Parasitismus* an der Natur, Wesen des abstrakten *Verbrauchs*, sind nur zwei Seiten derselben Sache. Die Natur rächt sich doppelt. Sie verhöhnt den sich über sie aufschwingenden Menschen gerade in seinem Triumph: Geschichte ist zum linearen *Fortschritt* entartet, qualitative Veränderung herabgebracht auf quantitatives, exponentielles Wachstum, allgemeine Verelendung, irreparable Verwüstung. Im *Individuum* aber, in dem Natur unmittelbar Gesellschaft, Gesellschaft unmittelbar natürlich ist, trifft sie die Gesellschaft *von innen*: sein bloßes Leben wird Behauptung gegen die Maschine, es eckt an, sowie es Luft holt. Das revolutionäre Subjekt ist nicht verloren, sondern verallgemeinert, Subjekt sein heißt sich wehren – ich lehne mich auf, also bin ich.

KOMMUNISMUS

Kommunismus heißt für Marx Aufhebung der Entfremdung, Entfremdung aber vor allem Privateigentum: „Der *Kommunismus* als *positive* Aufhebung des *Privateigentums* als *menschliche Selbstentfremdung* und darum als wirkliche *Aneignung* des *menschlichen* Wesens durch und für den Menschen; darum als vollständige, bewußt und innerhalb des ganzen Reichtums der bisherigen Entwicklung gewordene Rückkehr des Menschen für sich als eines *gesellschaftlichen*, d. h. menschlichen Menschen. Dieser Kommunismus ist als vollendeter Naturalismus = Humanismus, als vollendeter Humanismus = Naturalismus, er ist die *wahrhafte* Auflösung des Widerstreits zwischen dem Menschen mit der Natur und mit den Menschen, die wahre Auflösung des Streits zwischen Existenz und Wesen, zwischen Vergegenständlichung und Selbstbestätigung, zwischen Freiheit und Notwendigkeit, zwischen Individuum und Gattung. Er ist das aufgelöste Rätsel der Geschichte und weiß sich als diese Lösung."[121]

Die Figur stammt von Hegel: „Der Mensch ist als Geist nicht ein Unmittelbares, sondern wesentlich ein in sich zurückgekehrtes. Diese Bewegung der Vermittlung ist wesentliches Moment des Geistes. Seine Tätigkeit ist das Hinausgehen über die Unmittelbarkeit, das Negieren derselben und damit die Rückkehr in sich; er ist also das, wozu er sich durch seine Tätigkeit macht."[122] Doch während Aufhebung der Entfremdung für Hegel Aufhebung der Gegenständlichkeit *überhaupt* ist[123], ist sie für Marx Aufhebung der bestimmten Gegenständlichkeit des *Privateigentums*, nicht des *Seins*, sondern des *Habens*. „Wie das *Privateigentum* nur der sinnliche Ausdruck davon ist, daß der Mensch zugleich *gegenständlich* und unmenschlicher Gegenstand wird, daß seine Lebensäußerung seine Lebensentäußerung ist, seine Verwirklichung seine Entwirklichung, eine *fremde* Wirklichkeit ist, so ist die positive Aufhebung des Privateigentums, d. h. die *sinnliche* Aneignung des menschlichen Wesens und Lebens, des gegenständlichen Menschen, nicht nur im Sinne des *unmittelbaren*, einseitigen *Genusses* zu fassen, nicht nur im Sinne des *Besitzens*, im Sinne des *Habens* […] An die Stelle *aller* physischen und geistigen Sinne ist daher die einfache Entfremdung *aller* dieser Sinne, der Sinn des *Habens* getreten. Auf diese absolute Armut mußte das menschliche Wesen reduziert werden, damit es seinen inneren Reichtum aus sich heraus gebäre."[124]

Kapital und Arbeit sind nur die Gestalt des bereits auf seine Aufhebung drängenden Privateigentums: „Aber die Arbeit, das subjektive Wesen des Privateigentums als Ausschließung des Eigentums, und das Kapital, die objektive Arbeit als Ausschließung der Arbeit, ist das *Privateigentum* als sein entwickeltes Verhältnis des Widerspruchs, darum ein energisches, zur Auflösung drängendes Verhältnis."[125] Wenn bei Hegel Entfremdung als *Gegenständlichkeit* erscheint, so erscheint sie bei Marx umgekehrt als *falsches Bewußtsein*: „Die Teilung der Arbeit wird erst wirklich Teilung von dem Augenblick an, wo eine Teilung der materiellen und geistigen Arbeit eintritt, von diesem Augenblick an *kann* sich das Bewußtsein wirklich einbilden, etwas Anderes als das Bewußtsein in der bestehenden Praxis zu sein […] wir erhalten aus diesem ganzen Dreck nur das eine Resultat, daß […] die Produktionskraft, der gesellschaftliche Zustand und das Bewußtsein in Widerspruch untereinander geraten können und müssen, weil mit der *Teilung der Arbeit* die Möglichkeit, ja die Wirklichkeit gegeben ist, daß die geistige und materielle Wirklichkeit, – daß der Genuß und die Arbeit, Produktion und Konsumtion, verschiedenen Individuen zufallen, und die Möglichkeit, daß sie nicht in Widerspruch geraten, nur darin liegt, daß die Teilung der Arbeit wieder aufgehoben wird."[126]

[Der] Aufhebung des [Widerspruchs] von Kapital und Arbeit entspricht dann die des Widerspruchs von Sein und Bewußtsein: „Die Philosophie kann sich nicht verwirklichen ohne die Aufhebung des Proletariats, das Proletariat kann sich nicht aufheben ohne die Verwirklichung der Philosophie."[127] Es gibt dann kein falsches Bewußtsein mehr: „Die Gestalt des gesellschaftlichen Lebensprozesses, d. h. des materiellen Produktionsprozesses, streift nun ihren mystischen Nebelschleier ab, sobald sie als Produkt frei vergesellschafteter Menschen unter deren bewußter, planmäßiger Kontrolle steht."[128] Ja, die Rolle des Bewußtseins kehrt sich um, es ist nicht länger passiver Reflex: „Der Kommunismus unterscheidet sich von allen bisherigen Bewegungen dadurch, daß er die Grundlage aller bisherigen Produktions- und Verkehrsverhältnisse umwälzt und alle naturwüchsigen Voraussetzungen zum ersten Mal mit Bewußtsein als Geschöpfe der bisherigen Menschen behandelt, ihrer Naturwüchsigkeit entkleidet und der Macht der vereinigten Individuen unterwirft."[129]

Bei Engels heißt das später so: „Mit der Besitzergreifung der Produktionsmittel durch die Gesellschaft ist die Warenproduktion beseitigt und damit die Herrschaft des Produkts über die Produzenten. Die Anarchie innerhalb der gesellschaftlichen Produktion wird ersetzt durch planmäßige bewußte Organisation. Der Kampf ums Einzeldasein hört auf. Damit scheidet der Mensch, in gewissem Sinn, endgültig aus dem Tierreich, tritt aus tierischen Daseinsbedingungen in wirklich menschliche. Der Umkreis der die Menschen umgebenden Lebensbedingungen, der die Menschen bis jetzt beherrschte, tritt jetzt unter die Herrschaft und Kontrolle der Menschen, die nun zum ersten Male bewußte, wirkliche Herren der Natur, weil und indem sie Herren ihrer eigenen Vergesellschaftung werden. Die Gesetze ihres eignen gesellschaftlichen Tuns, die ihnen bisher als fremde, sie beherrschende Naturgesetze gegenüberstanden, werden dann von den Menschen mit voller Sachkenntnis angewandt und damit beherrscht. Die eigne Vergesellschaftung der Menschen, die ihnen bisher als von Natur und Geschichte oktroyiert gegenüberstand, wird jetzt ihre eigne freie Tat. Die objektiven, fremden Mächte, die bisher die Geschichte beherrschten, treten unter die Kontrolle der Menschen selbst. Erst von da an werden die Menschen ihre Geschichte mit vollem Bewußtsein selbst machen, erst von da an werden die von ihnen in Bewegung gesetzten gesellschaftlichen Ursachen vorwiegend und in stets steigendem Maße auch die von ihnen gewollten Wirkungen haben. Es ist der Sprung der Menschheit aus dem Reiche der Notwendigkeit in das Reich der Freiheit.“[130]

Hegel hatte die Französische Revolution mit den Worten gefeiert: „Solange die Sonne am Firmamente steht und die Planeten um sie herumkreisen, war das nicht gesehen worden, daß der Mensch sich auf den Kopf, d. h. auf den Gedanken stellt und die Wirklichkeit nach diesem erbaut. Anaxagoras hatte zuerst gesagt, daß der nous die Welt regiert, nun aber erst ist der Mensch dazu gekommen, zu erkennen, daß der Gedanke die geistige Wirklichkeit regieren solle. Es war dieses somit ein herrlicher Sonnenaufgang.“[131]

Hegel und Marx ist gemeinsam, daß sie beide Entfremdung, das negative, passive Moment der Geschichte, ein für allemal aufheben wollen. Wird aber bei Hegel die Entfremdung des Geists zur Gegenständlichkeit überwunden durch Arbeit und verwöhnt in der absoluten Idee, so ist bei Marx die *Arbeit selbst* entfremdet, sie erscheint in den Widersprüchen von *Philosophie und Proletariat*, von *Lohnarbeit und Kapital*, die beide aufgehoben sind im Kommunismus. Entfremdung der Arbeit kann aber nicht aufgehoben werden, ohne die *Arbeit selbst* aufzuheben, da sie per Definition entfremdet ist (in den „Ökonomisch-Philosophischen Manuskripten" spricht Marx noch von der Aufhebung *der Arbeit*). Arbeit ist von vornherein *Teil*arbeit, sie ist immer *Ausführung* und insofern vom planenden Denken, immer Produktion und insofern von Konsumtion getrennt, die Entfremdung *konstituiert* die Arbeit, ja den Menschen – es ist kein Widerspruch, wenn der Mensch für Hegel vor allem *Denker*, für Marx *Arbeiter*, für wieder andere *Nutznießer* ist[132], er ist *all* dies, weil er all dies *getrennt* ist. Die Aufhebung dieser Entfremdung ist damit Aufhebung des *menschlich Besonderen*, von „Urkommunismus" zu reden verbietet sich, da sie einen *vor*menschlichen, *prä*historischen Zustand herstellt.

Marx akzeptiert im Alter die Unaufhebbarkeit der Arbeit als menschlicher Existenzbasis und spricht nur von einer *Verschiebung* der Grenze des Reichs der Freiheit: „Das Reich der Freiheit beginnt in der Tat erst da, wo das Arbeiten, das durch Not und äußere Zweckmäßigkeit bestimmt ist, aufhört; es liegt also in der Natur der Sache nach jenseits der Sphäre der eigentlichen materiellen Produktion."[133] Er will das Gegenüber von Produktion und Konsumtion nicht auflösen (d. h., er will das Eigentum, zwar als *Gemein*eigentum, erhalten), aber es soll Produktion *für* Konsumtion sein, nicht für *Profit*. Produktion unmittelbar für Konsumtion schließt Selbstdifferenz der Produzenten und der Konsumenten, d. h. deren Konkurrenz, aus, die die Grundlage der Erweiterung des Zyklus K = P ist. Diese Erweiterung will Marx mit der proletarischen Revolution aber gerade freisetzen (Entfesselung der Produktivkräfte). Produktion für Konsumtion friert beide Seiten auf dem Status quo ein. Es gibt dann keine Erhöhung der *Produktion* mehr (extensives Wachstum – ökologische Krise), ebensowenig aber eine der *Produktivität* (Intensivierung bei „Nullwachstum" *Ausweg* aus der ökologischen Krise). Marx' Formulierung des Widerspruchs des Kapitalismus als einer gesellschaftlichen Produktion bei privater Form der Aneignung legt im Fall *wirklicher* Vergesellschaftung der Produktion durch Enteignung eine gleichzeitige *Vergesellschaftung des Konsums* nahe. Tendenzen zum integralen Konsum gab es zunächst in allen Ländern mit Enteignung der Produktionsmittel, doch wurden sie wieder abgebaut, da sie eine Leistungssteigerung *behinderten* – diese erfordert *Ungleichheit*.[134] Neuere ökonomische Modelle zielen alle auf Leistungssteigerung durch *Verminderung* der Wirtschaftsintegrität auch in bezug auf den Konsum, auf Hereinnahme von Marktprinzipien. Kommunismus erscheint dann als *Konsumismus* und, in dieser Gestalt im Kapitalismus längst realisiert.

Heißt Kommunismus für Marx auf der einen Seite *Beschränkung* der Arbeit auf das Mindestmaß, so *erweitert* er sie auf der andern zur Geschichte selbst. Er lobt Hegel, denn dieser faßt „die Arbeit als den Selbsterzeugungsakt des Menschen"[135]. Hier ist durchaus nicht die Basis materieller Produktion gemeint – Marx erweist sich hier vielmehr als Erbe des Geschichtsaktivismus der klassischen deutschen Philosophie. Es ist das Modell der *Arbeit*, nach dem Marx seinen Begriff der wahren, vom Menschen bestimmten Geschichte baut: planmäßig gemacht, im Kopf antizipiert, ebenso den der Revolution, für die seine Philosophie eine „Anleitung zum Handeln" ist. Das autoritäre Moment ist da mitgeliefert und von Bakunin früh herausgefühlt[136]: die Dominanz des Denkens über das Tun beschreibt endlich die der Führer über die Ausführenden. Marx stolpert hier, wie Hegel, über seinen historischen Totalismus. Nur ist bei Hegel alles Tun in *Denken* eingeschlossen, ist Reflexion, *Nach*denken, bei Marx umgekehrt ist alles Denken im *Tun* eingeschlossen, ist *Vor*denken, Antizipation; das Goethesche „Im Anfang war die Tat" trifft für ihn gerade *nicht* zu.

Bei Hegel ist die Geschichte am Ende: alle Entfremdung versöhnt und aufgehoben in der Einheit seines Systems. Die Geschichte aber bezwingt ihn gerade da, wo er sie bezwungen meint, sie geht eben da über ihn hinweg, wo er ihren Schlußpunkt setzt. Indem er alle Entfremdung versöhnt glaubt, fällt er selbst entfremdet in die Geschichte, indem er allen Widerspruch aufhebt, wird ihm selbst von außen widersprochen. Bei Marx ist nicht die Geschichte am Ende, sondern *spontane*, naturwüchsige Geschichte, Geschichte als *passierendes* Geschehen, passives Geschick, Schicksal, die *Vorgeschichte*. Die wahre, bewußt vollzogene, vom Menschen *gemachte* Geschichte, Geschichte als seine Aktivität, Arbeit, *beginnt* vielmehr erst mit dem „letzten Gefecht".

Hier pervertiert der Marxsche Materialismus: Indem Geschichte *bewußt* vollzogen wird, bestimmt nicht mehr das *Sein* das Bewußtsein; es ist nicht ein Reich der Freiheit, das da erwartet wird, sondern des Hegelschen *Idealismus* – und erweisen wird es sich als *Stalinismus*. Gerade wo *spontane* Geschichte enden soll, bricht die Spontaneität der Geschichte massiv herein. Das versprochene Reich der Freiheit, es kommt als blindeste Despotie, die bewußt vollzogene Geschichte als ihr sinnlos-unbegriffenes Wirken, absolute Prähistorie, und gerade die, die Geschichte zu *machen* meinen, unterliegen ihr am gründlichsten. Was sie nicht *machen* können, werden sie *manipulieren* – Geschichte wird zur Dauerfälschung, die Kontinuität der „Linie" zum Diskontinuum totaler Geschichtslosigkeit. Bei einem Rückblick auf die Revolution bezeugt Lenin: „Zu Anfang stürzt man sich ins Gefecht, das Weitere wird sich finden. Auch wir haben uns im Oktober 1917 zuerst ins Gefecht gestürzt."[137] Das Weitere hatte sich gefunden.

Das Reich der Freiheit, das sich bei Marx auf Kosten des Reichs der Notwendigkeit, der Arbeit, erweitert, ist nicht bloße Freizeit, es ist nicht passiv, sondern geradezu der Raum der „menschlichen Kraftentwicklung, die sich als Selbstzweck gilt"[138]. Eine solche Kraftentwicklung sind z. B. die *Künste*. Sie antizipieren nicht, in ihnen ist Denken unmittelbares Tun, das Tun ein Denken im Material selbst, Hand- und Kopfarbeit sind ungeschieden. Es sind nicht so sehr Gefühle, mit denen sie umgehen, als die Unmittelbarkeit des Gedankens selbst, der nicht, wie in den Wissenschaften, vom Tun abgelöst und verselbständigt ist. Es gibt weder eine *experimentelle* (Picasso: „Ich suche nicht, ich finde") noch eine *angewandte* Kunst (Picasso: „Ein Sessel ist ein Gebrauchsgegenstand. Er ist nicht Kunst"). Experiment und Anwendung sind die beiden Verhältnisse der Wissenschaft zur Praxis, sie bilden den Zyklus T D. Ebenso ist in den Künsten Produktion und Konsumtion nicht gegeneinander auflösbar, eine Kunst in Warenform kann es nicht geben. Die Krise der neueren Kunst liegt gerade in ihrer Vermarktung – positive Wissenschaft ist verwertbar, positive Kunst einfach *Un*kunst. Ihre Wertlosigkeit ist ihr höchster Ruhm.

Die „menschliche Kraftentwicklung" ist endlich vor allem das *Leben selbst*, aber gerade *das* Leben, das *nicht* spezifisch menschlich, d. h. von der *Arbeit* bestimmt ist. In der Arbeit steht der Mensch der Natur beherrschend *gegenüber*, durch sie *unterscheidet* er sich vom Tier. Zugleich aber ist er *selbst* natürliches Geschöpf, *Teil* der Natur. Kommunismus erscheint dann als die Aufhebung des Menschen *als Mensch*, als das Reich der Natur.

FREIHEIT USW.

Drüben läutet die Freiheitsglocke. Uns macht das Wort Freiheit eher verlegen. Wir lernen, am Ende einer noblen Tradition europäischer Geistesgeschichte, Freiheit heiße *Einsicht*. Die Gedanken *sind* nicht frei, sie *machen* frei, und zwar, wenn sie bezwungen sind. Die Mauer im Kopf und die Mauer in Berlin sind unnötig. Zensur – welch ein uneffektives System. Man kann sie umgehen, beschimpfen, bekämpfen. Wir haben den *inneren* Zensor. Nicht wer nicht darf, wer nicht *will*, ist frei. Wenn uns die Einsicht = Freiheit noch fehlt, haben wir die höhere Einsicht der Regierenden, und schon stellt sich heraus, was wir sind: unmündig – froh, daß wir uns einer väterlichen Macht vertrauen können, die uns an der Hand nimmt und vor dem Bösen bewahrt. Wozu sie uns zwingt, ist nur unser eigenes Bestes, genaugenommen unsere Freiheit. „Sicherheit, Geborgenheit, Zukunftsgewißheit" hieß eine Parole zu den „Volkswahlen" 76 – das ist es. In einem populären Buch über Tiere vom Fließband (Urania-Verlag) sieht man Kühe in Buchten, Schweine in Buchten, Hühner in Buchten und am Ende, im Abschnitt über das sozialistische Dorf, Menschen in Buchten. Unsere Freiheit heißt Sattheit, Domestikation des Menschen. Wir *lernen* uns frei, die Gesellschaft eine einzige Schule – das ist die vordere Linie. Hinter ihr erhebt sich grau die Realität der Machtorgane und redet notfalls Tacheles. Freiheit kann es nur *hin zur* Gesellschaft geben, nicht *gegen sie*. Freiheit *gegen* sie wäre nicht nur reaktionär und schimpflich, sondern einfach absurd (Einweisung in Irrenanstalten ist daher ganz konsequent). Denn die Gesellschaft ist das „Reich der Freiheit" selbst, in ihr ist die Freiheit der Individuen realisiert. Unsere Freiheit heißt nicht nur *Einsicht*, sie heißt vor allem *Einheit*.

Die Freiheit des Einzelnen kann durch den anderen Menschen *beschränkt* [werden. Bedeutet] der Andere also das *Ende* der Freiheit, Freiheit etwas *weg* von ihm – oder [wird sie] durch den Anderen geradezu erst *gesetzt*, *hin* zu Anderen, so daß der Einzelne seine Freiheit erst *im* Anderen findet. Im ersten Fall gibt es von Natur her *keine* Gesellschaft, sie wird vielmehr eingeführt als künstliches *Zwangs*mittel gegenüber den von Natur *bösen* Menschen; im zweiten Fall aber ist die Gesellschaft geradezu die *Verwirklichung* der Freiheit – der von

Natur *gute* Mensch braucht nicht äußerlich gezwungen zu werden. *Hobbes* galt der Mensch als des Menschen Wolf, so daß nur ein Gesellschaftsvertrag unter den divergierenden Einzelnen die Einheit stiften kann; naturgegeben sind die Triebe und damit das „bellum omnium contra omnes"[139], am Anfang ist das Chaos, erst das äußere Gesetz stiftet Kultur und Ordnung. (Ein späterer Nachfahre ist Freud: „Die individuelle Freiheit ist kein Kulturgut. Sie war am größten vor jeder Kultur."[140]) *Rousseau* dagegen, der (hundert Jahre später) den „Gesellschaftsvertrag" übernimmt, findet in Zivilisation und Kultur geradezu den Grund für die Depravierung des von Natur vollkommenen Menschen, den man aus seiner künstlichen Entstellung nur *wiederherstellen* muß. Der Gesellschaftsvertrag ist dann ein freiwilliger Zusammenschluß, ja es scheint schon bei Rousseau, daß die Freiheit gerade *in diesem Zusammenschluß* liegt. Wenn nämlich ein asozialer Einzelner einmal vom Allgemeinen gezwungen werden muß, so hat das bei Rousseau „keine andere Bedeutung, als daß man ihn zwingen wird, frei zu sein"[141]. Freiheit ist damit geradezu definiert als *Einheit*, es gibt keine Einzelnheit *gegen* diese Einheit. Freiheit ist Gleichheit und Brüderlichkeit – seid umschlungen Millionen, diesen Kuß der ganzen Welt. Robespierre nennt das wenig später „Despotismus der Freiheit"[142].

Die „Schreckensherrschaft" wird von Hegel beschrieben als eine „Unverträglichkeit gegen jedes Besondere", gegen Unterschied und Gliederung, die das Konkrete ausmachen, d. h. als abstrakte Einheit, in der alle Einzelnheit gelöscht ist.[143] *Hegel* will die Einzelnheit in der Einheit nicht austilgen, sondern aufheben. Er sagt, daß das Ich „in seiner Beschränkung, in diesem Anderen bei sich selbst sei, daß, indem es sich bestimmt, es dennoch bei sich bleibe und nicht aufhöre, das Allgemeine festzuhalten: dieses ist dann der konkrete Begriff der Freiheit […] Diese Freiheit haben wir aber schon in der Form der Empfindung, z. B. in der Freundschaft und Liebe. Hier ist man nicht einseitig in sich, sondern man beschränkt sich gern in Beziehung auf ein Anderes, weiß sich aber in dieser Beschränkung als sich selbst […] Indem man das Andere als Anderes betrachtet, hat man darin erst sein Selbstgefühl […]"[144]

Der Staat gilt Hegel als „die Wirklichkeit der konkreten Freiheit […] so daß weder das Allgemeine ohne das besondere Interesse, Wissen und Wollen gelte und vollbracht werde, noch daß die Individuen bloß für das letztere als Privatpersonen leben und nicht zugleich in und für das Allgemeine wollen und eine dieses Zweckes bewußte Wirksamkeit haben"[145]. *Marx* ist unmittelbar Erbe dieser Auffassung, obwohl der Hegelsche – d. h. der preußische – Staat ihm *nicht* die lebendige Vermittlung von Einzelnem und Allgemeinem, sondern gerade deren Behinderung ist: „Erst in der Gemeinschaft {mit Anderen hat jedes} Individuum die Mittel, seine Anlagen nach allen Seiten hin auszubilden; erst in der Gemeinschaft wird also die persönliche Freiheit möglich. In den bisherigen Surrogaten der Gemeinschaft, im Staat usw., existierte die persönliche Freiheit nur für die in den Verhältnissen der herrschenden Klasse entwickelten Individuen […] Die scheinbare Gemeinschaft, zu der sich bisher die Individuen vereinigten, verselbständigte sich stets ihnen gegenüber und war zugleich, da sie eine Vereinigung einer Klasse gegenüber einer andern war, für die beherrschte Klasse nicht nur eine ganz illusorische Gemeinschaft, sondern auch eine neue Fessel. In der wirklichen Gemeinschaft erlangen die Individuen in und durch ihre Assoziation zugleich ihre Freiheit."[146] Diese wirkliche Gemeinschaft ist für Marx der Kommunismus.

Bei Hegel gibt es die Einheit des *Anfangs*, die leere, unentfaltete abstrakte Einheit *ohne* Einzelnheit, die sich durch Negation der Negation differenzierte, [und die] konkrete Einheit, die die Einzelnheit in sich bewahrt. Diese Einheit ist zugleich die konkrete *Freiheit* der Einzelnheit.

Das Ganze ist das Wahre, es ist die Wahrheit der Teile – doch gerade an Hegel erweist das Ganze sich als das *Unwahre* (Adorno). Hat Hegel die Einzelnheit in der Einheit bewahrt, so als *tote*, die ihre Freiheit nur *in [der]*, nicht auch *gegen* die Einheit hat. Er hat die Einzelnheit weniger bewahrt als vergewaltigt – und so erscheint plötzlich die Einzelnheit als die Wahrheit, gibt es Freiheit nicht mehr *im*, sondern *gegen* das System, als seine *Sprengung*. Hier lag die Kritik der Linkshegelianer.

Ob dem Allgemeinen oder dem Einzelnen Wirklichkeit zukomme, ist ein Streit, alt wie die Geschichte der Philosophie. Es war der Widerspruch zwischen Platon und Aristoteles, macht den Universalienstreit des Mittelalters aus, und er gilt den Marxisten als Grundfrage der Philosophie, nach der sie Idealismus und Materialismus scheiden. Es war Marx' materialistische Wendung gegen Hegel, daß er der Einzelnheit neue Würde gab, sie zu *mehr* machte als zum bloßen *Teil*, das Geistige dafür selbst zum Teil, zum bloß abgehobenen

Reflex. Marx gibt seiner Philosophie nicht die positive Form des Systems, sondern die negative der Kritik. So entgeht auch er der Positivität nicht. Wie aller Widerspruch sich für Hegel im absoluten Geist löst, so löst er sich für Marx im Kommunismus, und beide haben über diese Enden der Geschichte gleich wenig zu sagen. Für Hegel war im System das Ziel erreicht, alles Handeln beendet; für Marx lag es noch in der Zukunft, seine Philosophie versteht sich nicht selbst als Erreichen des Ziels, sondern als dessen *Antizipation*, als „Anleitung zum Handeln". Das Ziel aber ist die wahre Einheit der Einzelnen, das Reich der Freiheit. Hegel wie Marx ist diese Freiheit nicht nur Einheit, sondern zugleich *Einsicht*.

Schon Spinoza verbindet Freiheit und Notwendigkeit; ein Ding heißt ihm frei, „wenn es aus der Notwendigkeit seiner Natur existiert und handelt"[147]. Freiheit ist *innere* Notwendigkeit, Spinoza akzeptiert aber keineswegs die Triebe oder Bedürfnisse als Freiheit. Kapitel seiner Ethik heißen „Über die menschliche Unfreiheit, oder die Macht der Affekte", „Über die Macht der Erkenntnis, oder die menschliche Freiheit". Hegel ist die Freiheit des spontanen, ursprünglichen, wollenden Ich eine bloß abstrakte, die in ihr Gegenteil umschlägt, die bewußtlose Gebundenheit. In ihr wirkt die „List der Vernunft" und handelt gerade in der Blindheit der historischen Akteure wie in Marionetten. Freiheit als bloß innere Notwendigkeit ist nichts als Zufall; der inneren Zufälligkeit antwortet die äußere, der blinden *Willkür* das ebenso blinde *Schicksal* bzw. die blinde *Despotie*. Erst die mit der Notwendigkeit vermittelte Freiheit ist Hegel *wirkliche* Freiheit – sie ist die *Erkenntnis*. Ist auch bei Hegel schon in der „Empfindung der Liebe" der Eine beim Andern, d. h. Freiheit realisiert, so ist sie es wahrhaft doch erst im Denken. „Nur denkend ist der Mensch diese Kraft, sich Allgemeinheit zu geben"[148], „die Denkenden sind bei sich, also frei"[149].

Ähnlich existiert bei Engels die wirkliche Gemeinschaft des Kommunismus, wenn nach der naturwüchsigen Geschichte, die der Mensch passiv als Schicksal hinnimmt, „die Menschen ihre Geschichte mit vollem Bewußtsein selbst machen [...] Es ist der Sprung aus dem Reich der Notwendigkeit ins Reich der Freiheit"[150]. Freiheit ist dann die „Fähigkeit, mit Sachkenntnis entscheiden zu können"[151], und schließt wie bei Hegel Spontaneität als wirkliche Freiheit aus. Im spontanen, d. h. bewußtlosen Handeln *weiß* nur das Individuum die Gesetze nicht, denen es blind folgt und ausgeliefert ist, die also seine *Unfrei-*

heit sind. Entfremdung und Spontaneität sind letztlich dasselbe, nämlich [...][152].

Erkenntnis ist immer neue Vermittlung von Einzelnem und Allgemeinem, von Zufall und Notwendigkeit. (Einzelnheit ist nicht dasselbe wie Zufälliges, Allgemeines nicht dasselbe wie Notwendiges. Die mechanischen Materialisten akzeptieren im Experiment die Einzelnheit, sind aber meist Deterministen, während die idealistische Schule im Allgemeinen[153] die Freiheit findet.) Hegel hält dem „Nihil est in intellectu, quod non fuerit in sensu"[154] der Sensualisten sein „Nihil est in sensu, quod non fuerit in intellectu"[155] entgegen und dem Erkennen des bloßen Verstandes: „sein Verhalten erscheint ihm selbst als ein passives, in der Tat ist dasselbe jedoch aktiv"[156]. Die Einzelnheit, die nicht *erwartet* wird, wird auch nicht *bemerkt*, solches Bemerken ist vielmehr wirkliches *Entdecken*, d. h. eine schöpferische Leistung. Marx setzt der Erkenntnis aus passiver Sinnlichkeit die aus der menschlichen *Tätigkeit* entgegen, d. h. macht die Praxis zum Kriterium der Theorie.

Alles Allgemeine, als Notwendiges Erkannte unterliegt der Prüfung. Einer solchen Prüfung wurden um die Jahrhundertwende[157] z. B. Euklids Geometrie und Newtons Naturphilosophie unterzogen. Beide verloren dabei ihre Allgemeinheit und sanken zu Sonderfällen allgemeinerer Theorien herab, sie waren jetzt nur noch *in bestimmten Grenzen*, nicht mehr absolut wahr. Relativität, d. h. Historizität aller Wahrheit, ist gerade die immer neue und nie endgültige Vermittlung von Einzelnem und Allgemeinem, die immer neue Scheidung von Wahrem und Falschem. Hegels absoluter Geist gab sich als absolute Wahrheit und wurde gerade darin falsch. Marx akzeptierte die in den Naturwissenschaften selbstverständliche Historizität der Wahrheit, bestand aber auf dem Ende des *falschen Bewußtseins* mit der proletarischen Revolution. Falsches Bewußtsein und relative Wahrheit hängen aber zusammen. Die *allgemeine* Wahrheit erweist sich ebenso als *Teil*wahrheit, wie das *Menschheits*interesse sich als *Sonder*interesse erweist. Daß beide sich als *Teil*wahrheit bzw. *Sonder*interesse *nicht wissen*, sich für allgemein halten, macht ihr Falsches, ihre historische Borniertheit aus. So sehr Interesse oft Erkenntnis *verhindert*, so sehr ist es ebenso deren *Voraussetzung*. Interesse ist *vor* aller Erkenntnis, Wille *vor* allem Wissen.

Im *Anorganischen* sind Zufall und Notwendigkeit völlig unvermittelt, ebenso aber unmittelbar dasselbe, absolute Spontaneität dasselbe wie absolute Determination. Die *Organismen* sind *Scheidung* und *Vermittlung* der beiden Seiten. Der Zufall ist *innere Notwendigkeit*, ist Wille, Interesse, Trieb, Bedürfnis (Hegel: „Nur ein Lebendiges fühlt Mangel"[158]). *Zufall* ist von außen betrachtet aber dasselbe, was *Freiheit* von innen her ist. Diese Freiheit allerdings ist nicht *Ergebnis*, sondern *Bedingung* aller Erkenntnis. Die Evolutionstheorie beschreibt Entwicklung geradezu als Erkenntnis, Wachstum von Information. Zufall und Notwendigkeit sind als try and error ständig miteinander vermittelt. Versuch aber heißt Freiheit – wobei die Entscheidung von außen zufällt. Zufall ist Schicksal, der Erfolg nicht garantiert, die Opfer säumen die Strecke. Zunehmende Vermittlung = Erkenntnis bedeuten Hegel und Marx allein Freiheit.

Der *Mensch* ist (nach Herder) der „erste Freigelaßne der Natur". Information wird bei ihm nicht nur genetisch, sondern auch gesellschaftlich gespeichert. Da das Denken selbst gesellschaftlicher Akt, Ausdruck gesellschaftlicher Integration des Menschen ist, scheinen Einheit und Einsicht hier von Natur zusammenzufallen. Die Menschheitsgeschichte ist aber ein Hohn auf die Endgültigkeit von Einheit und Einsicht. Alle Revolutionen der Geschichte verstanden sich als *Befreiung*. Sie fanden vor eine äußere, durch Herrschaft erzwungene Einheit divergierender Einzelnheit. Herrschaft rechtfertigte sich in der Divergenz, betrieb sie gar („divide et impera"), und Befreiung war immer Befreiung der Einzelnheit von der sie zwingenden Einheit. Ihr Impetus war aber nicht nur negativ, sie erhielt ihre Kraft meist erst aus einem dahinterstehenden positiven Konzept. Der Sturz der bisherigen Ordnung wurde möglich, wenn sie als Unordnung, die Sprengung der drückenden Einheit, wenn sie als Unterdrückung, Fessel der Einzelnheit empfunden war. Hinter ihr war dann bereits die *wahre* Einheit sichtbar, die oft als die ursprüngliche, sich selbst entfremdete erschien und nur *wieder*herzustellen war. Die Bauern von 1525 wollten das Gottesreich *wieder*errichten, der französische Citoyen steckte sich (nach Marx' Beschreibung im „18. Brumaire") in das antike Kostüm, Marx' Kommunismus selbst ist im „Urkommunismus" vorgebildet.

Die Entfremdung wird versöhnt in der *neuen* Einheit der Einzelnen, die sie als Einzelne *aufhebt*, deren wahre Einheit erst ihre wahre Freiheit ist.

Daß die *neue* Einheit nur eine sehr *alte*, der *Revolutionär* nur der wahrhaft *Konservative* sei, erscheint schon in den Bildern vom verlorenen und wiedergefundenen Paradies. Das Glück liegt nicht mehr im Augenblick, es divergiert in ein Früher und Später; die Gegenwart ist Armut, die Zeit ruht nicht mehr in sich, sie hat ihre Erfüllung außer sich, das Bewußtsein ihrer Dynamik ist eschatologisch – immer da, wo sie ist, will sie nicht sein.

In den Revolutionen wird Entfremdung zum *Feind* veräußerlicht, und sie nehmen durch Veräußerlichung des Gegners das Ziel menschlicher Vereinigung in ihrer Bewegung vorweg. Als Glied einer Partei gibt der Einzelne seine Freiheit gegenüber der Partei auf, um sie in der gemeinsamen Gegnerschaft sozusagen total zurückzubekommen. Gegen das *neue* Ganze bzw. gegen die Partei, die es vorwegnimmt, kann es keine Freiheit geben, alle Freiheit aber (Unterdrückung und Vernichtung) gegen den gemeinsamen Feind. In ihrem brennenden Tiegel schmilzt die Revolution Konvention und Grenzen menschlicher Verhältnisse („was die Mode streng geteilt"[159]) ganz unmittelbar; das lebendige Ganze, der Andere sind um so mehr fühlbar, je schärfer der Grat der Barrikade ist. Diese Glut ist fast unmittelbar erotisch, ist Traum der Jugend und des ewigen Lebens, die studentische Jugend des Westens war in den sechziger Jahren davon so stark erfaßt, daß sie bereit war, sich einen Gegner zu erfinden. Shakespeare hat gewußt, daß zur Liebe von Romeo und Julia der Haß ihrer Häuser gehört. Der Kriegsausbruch von 1914, auch von 1939, wurde vielfach als Befreiung empfunden von innerer Begrenzung, kleinlichem Gegeneinander, als Stiftung einer wohltuenden Einheit. Ernst Barlach z. B. schreibt 1914, daß ihm „die Kriegsstimmung wie eine Erlösung kommt. Die Menschen müssen an etwas Allgemeines Großes denken und ihren persönlichen Kram hintansetzen".

Identifikation und Opposition sind die Kehrseiten derselben Medaille. Was Freud, Mitscherlich, Lorentz beschreiben als Ableitung aggressiver Energie, ist die Dialektik von Einheit und Einzelheit: die Einzelnheit gibt in der Identifikation ihre Selbständigkeit gegenüber der Einheit auf, dafür tritt die Einheit sich selbst gegenüber. Die Widerspruchslosigkeit, mit der der Einzelne in der Einheit verschwindet, wird zum Widerspruch der Einheit selbst. Mangelnde Autonomie des Individuums ist Identifikationshang. Mitscherlich[160] beschreibt Ich-Schwäche als *deutsches* Problem. Allgemein läßt sich Begeisterung, ja Energie überhaupt in dieser Weise darstellen. Das Einzelne ist immer Teil eines alten und eines neuen Ganzen, es zerstört das alte und konstituiert sich im neuen, hat immer ein expansives, aggressives und zugleich kontraktives, libidinöses Potential, es ist letztlich nichts anderes als dieser Widerspruch selbst.

Für Marx ist, ähnlich wie für Rousseau, eine Freiheit gegen die *nachrevolutionäre* Einheit unmöglich, da diese ja die Freiheit *ist*, die Revolution ist die Wasserscheide: *vor* ihr gibt es Freiheit nur *gegen*, *nach* ihr nur *hin* zur existierenden Gesellschaft. Die eschatologische Illusion ist das Vorrecht der Revolutionäre, der beschränkte Horizont, die historische Borniertheit die Wurzel ihrer Kraft. Sie ist auch ihre Achillesferse: Robespierre bestand bis zur Guillotine auf dem Paradies, das immer unerreichbarer wurde, Babeuf empfand schrill die Differenz zu den revolutionären Idealen und ließ sich dafür hinrichten. Es scheint, daß die Revolution die wenigsten Opfer fordert, die ihre Prämissen am prinzipienlosesten vergißt.

Auch Lenin schmiedete die Einheit der bolschewistischen Partei angesichts des Feindes, der endliche Zweck seiner Liquidierung forderte und förderte die Formierung. An der scharfen, unzweideutigen Front erstarrt das Leben zur Militär*maschine*. Die Maschine ist der Akteur formulierter, endlicher Aufgaben, begrenzter Ziele. Die *zweck*mäßige Organisation ist die *mechanische*. Das Allgemeine wird zum formulierten Zweck, dem sich jeder unterzuordnen hat, der Einzelne zum bloßen *Teil* eines übergreifenden Ganzen, er wird selbst zum *Mittel*. Schöpferisches kann es nicht mehr geben außer als Vollzug des Antizipierten, Geplanten; Spontaneität ist bloße Unzuverlässigkeit – Spontaneität der Maschine ist ihr Verschleiß. Sie ist gegen nichts Bestimmtes, immer aber gegen die *Einheit* gerichtet und daher, wenn die Einheit *alles* ist, der Hauptfeind.

Worte wie Funktionär, Linie, Apparat, Ausrichtung, Abweichung usw. zeigen den mechanischen Charakter. Die Effektivität einer mechanisch integrierten Gruppe liegt in ihrer klaren Zuordnung, absoluten Disziplin. Aller Widerspruch ist nach außen gebracht, alle vorige Fremdheit zum gemeinsamen Feind veräußerlicht. Ihr Problem aber ist der Sieg, Erreichen des endlichen Ziels, Erfüllung des Zwecks, Niederwerfung des Gegners. Die lebendige Vermittlung von Einzelnem und Allgemeinem ist zur Pyramide von Zweck und Mitteln erstarrt. Noch vor Lenins Tod gefriert die revolutionäre Einheit unaufhaltsam zum bürokratischen Zentralismus. Das glühende Leben erkaltet zur starren Pyramide, die lebendige Einheit zur Ausrichtung auf den EINEN. Was an Ziel verschwindet, hat ER zu ersetzen. Die Einzelnen, angesichts der Aufgabe nur noch Identifikation, fühlen nach der Erledigung schneidend und bewußtlos wie den Sündenfall ihre Einzelnheit, ihr selbständiges Interesse. Der ungeheuren Kontraktion droht die Explosion zu folgen und legitimiert den Terror. Die Stalinsche Gerichtsfarce von 1936 war tatsächlich nur gegen Bolschewiki möglich: Tapfere Männer, die der zaristischen Folter widerstanden hatten eben durch Identifikation mit dem bolschewistischen Allgemeinen, hatten nun *gegen* dies Allgemeine, vorm bolschewistischen *Gericht*, keinen Standpunkt und keine Kraft. Sie standen den Eigenen, *sich selbst* gegenüber, sahen ohnmächtig und ohne zu begreifen, die plötzliche Diskrepanz und wußten nichts anderes mehr, als unter Stalins Kugeln zu fallen mit dem Ruf „Es lebe Stalin!"

Da ist immer noch die mechanische Einheit, aber mit unklarem Ziel, sie ist effektiv wie vorher, doch was sie an Tempo ermöglicht, vernichtet sie durch Richtungslosigkeit, den Zickzack revidierter Linien. Dem Fatalismus der Massen entspricht der Voluntarismus der Führung. Der äußere Feind wird ersetzt durch die Theorie von der ständigen Verschärfung des Klassenkampfs. Die undurchschaute Diskrepanz zur Erwartung äußert sich als Verfolgungswahn. Der Einheitsfuror verschlingt alles. EIN Staat (ohne Gewaltenteilung), EINE Partei (ehemals Vorwegnahme künftiger Einheit, jetzt „führende Rolle"), EINE Justiz (die nur die Einheit gegen die Einzelnheit, nicht diese gegen die Einheit schützt, die nur Gesetz, nicht zugleich Recht ist), EINHEITSwirtschaft (die die fehlende Konkurrenz durch Druck von oben ersetzen muß), EINHEIT der Wissenschaft (gegen Weismann, Einstein, Planck, die den Marxismus nicht zu beweisen, daher folgerichtig zu widerlegen scheinen und so selbst widerlegt werden müssen – mit dem Knüppel) und EINIGE Kunst (des sozialistischen Realismus, der nur das etablierte Allgemeine im Besonderen auffindet, was dann das „Typische" heißt) – beide nur noch Belege der EINEN Theorie, deren erster Dissident heute vermutlich Marx wäre.

Die Partisanenarmee, unschlagbar für jeden äußeren Feind, aber für Eroberungen oder gegen das eigene Volk unbrauchbar, wird in der EINHEIT des schon von Trotzki eingeführten Barras zum beliebigen Werkzeug, fähig auch, die EINHEIT des sozialistischen Weltlagers wiederherzustellen (wie 1968 in der ČSSR[161]). Die EINHEIT von Theorie und Praxis wird gewonnen durch (blutige) Korrektur der *Praxis*. Das unmittelbar zu fühlende Dasein des Anderen der revolutionären Einheit ist bald nur noch die Denunziation, das Allemenschenwerdenbrüder die Allgegenwart des Spitzels. Blinde Angst ist die Kehrseite des ebenso blinden Optimismus. Wo es eine lebendige Öffentlichkeit, demokratischen Austausch gab, erhebt sich der tönerne Götze des Apparats der Staatssicherheit. Die befreite Arbeit in Gemeineigentum überführter Produktionsmittel heißt Workuta. Man hat seither versucht, den Stalinismus marxistisch zu interpretieren. Zuerst erschien Chruschtschow mit seiner Personenkult-Hypothese. Sie hatte angenommen, daß ein Mann fähig sei, eine ganze Epoche negativ zu beeinflussen, statt davon auszugehen, daß immer eine Epoche sich den Mann zeugt, den sie braucht. Kaum marxistischer war der Versuch einer Analogie zur Französischen Revolution. Schon die Revolutionäre von 1917 hatten den Thermidor gefürchtet. Marx hatte die Selbsttäuschungen beschrieben, die die Revolutionäre von 1789 brauchten, „um den bürgerlich beschränkten Inhalt ihrer Kämpfe sich selbst zu verbergen"[162]. Es lag nahe, eine solche Erklärung auf die proletarische Revolution ebenfalls anzuwenden. Nach Marx unterschied diese sich von allen bisherigen Revolutionen aber gerade dadurch, daß sie nicht einen *besonderen* Klassenantagonismus, sondern die Klassen *überhaupt* beseitigte. Gerade sie findet nach Marx *nicht* statt in „falschem Bewußtsein", sondern als „Verwirklichung der Philosophie".

Ebenso ist die ökonomische Erklärung als „sozialistische Akkumulation" in der Marxschen politischen Ökonomie nicht vorgesehen. Bei Marx hatte gerade der Kapitalismus die Akkumulation und Vergesellschaftung der Produktion zu leisten, im Kommunismus nur die dazu in Widerspruch stehende private Form der Aneignung zu verschwinden. Kommunismus war für Marx überhaupt nichts anderes als die Aufhebung des Kapitalismus und daher nicht denkbar in Ländern, wo es nie einen entwickelten Kapitalismus gab. Solcher ökonomischen Deutung passiert unter der Hand eine historische Apologie, indem sie einer „mittelmäßigen und grotesken Personnage das Spiel einer Heldenrolle ermöglicht"[163].

All diese Erklärungen sind im Grunde *Deformations*theorien; sie nehmen den historischen Verlauf als eine Zufälligkeit und erwarten, daß der „abweichende" irgendwann wieder in den „normalen" Verlauf einschwenkt. Hier erklärt die Theorie letztlich gar nichts mehr, sie ist einfach nicht mehr mit der Praxis vermittelt; Allgemeinheit und Einzelnheit, Notwendigkeit und Zufall treten auseinander, die Grenzen der Theorie sind erreicht. Eine Kritik des Stalinismus vom Marxismus aus *kann* es nicht geben, denn der Stalinismus ist nicht nur

Deformation, sondern *Konsequenz* des Marxismus (so schon gesehen von Bakunin – er prophezeite „einen Despotismus der regierenden Minderheit, um so gefährlicher, als sie erscheint als Ausdruck des sog. Volkswillens"[164]), auch ebensowenig eine Kritik der sozialistischen Wirklichkeit, die selbst nichts anderes ist als seine [des Marxismus] bewußtlose Kritik. Die Theorie divergiert inzwischen nicht nur von der historischen Praxis, sondern von *sich selbst*; sie tritt sich selbst gegenüber in den Raketen einander exkommunizierender Marxisten Pekings und Moskaus, bald vielleicht Roms.[165]

Einheit ohne Einzelnheit, Individuum nur als Identifikation, Freiheit nur *hin* zum Allgemeinen ist heute immer noch das Bild des Ostens. Der Westen zeigt das Gegenteil: Einzelnheit ohne Einheit, Einzelnheit als Vereinzelung, Individuum als Isolation, Freiheit nicht *in*, sondern *von* der Gesellschaft.

Seit Stalins Tod zerbröckelt die östliche Einheit unaufhaltsam. Die Atomwaffe kam gerade zurecht, anstelle der Weltrevolution den Weltfrieden zu predigen; Chruschtschows Koexistenzpolitik verwandelte die unmittelbare Konfrontation der Systeme in mittelbare Konkurrenz. Ihr entsprach eine Politik der Dezentralisierung: die *äußere* Differenz trat wieder nach *innen*. Parallel die Attacken von unten: 17. Juni 1953 Berlin, Sommer 1956 Polen und Ungarn, Prager Frühling 1968, Streiks in Polen 1972 und 1976, in der UdSSR selbst Erhebungen mit nationalem Charakter. Die Konkurrenz der Systeme wirkt auf beide Seiten entgegengesetzt, auf den konkurrenzgespaltenen Westen integrierend, einigend im Hinblick auf den Gegner; auf den monolithischen Osten differenzierend, Spielraum schaffend für Spontaneität und Initiative, die innere Konkurrenz fördernd um der höheren Leistung willen. Die Politik wird pragmatisch, orientiert sich kaum noch an der irrelevanten Theorie, ohne aber ihre Kritik zu gestatten. Konvergenz und Divergenz [zum Kapitalismus] sind gleichzeitig: Konvergenz dient der materiellen, Divergenz der moralischen Legitimation. Der Druck auf die Mauer wird von denen selbst erzeugt, die sie errichten ließen, da sie nichts *anderes* mehr, nur vorerst *weniger* zu bieten haben als die drüben, was sie in den „Intershops" jedermann offenbaren. Sie versuchen die Mäuler mit Fressen zu stopfen und machen Kommunismus zu Konsumismus, Freiheit zur Sattheit, Frieden zum Friedhof. Die neue Gesellschaft ist ein Zwitter, von Kapitalismus wie Sozialismus gleichermaßen getrennt durch den Wunsch der Herrschenden, ihre Macht aufrechtzuerhalten; in Kapitalismus wie

Sozialismus sind sie gleichermaßen überflüssig. Gegenüber Restaurationsversuchen erscheinen sie noch als Verwalter des sozialistischen Ideals, an diesem Ideal gemessen aber als Verkörperung des Verrats. Der Widerstand gegen sie wächst, während sie, immer zynischer und mit schwindender geistiger Identität, hinter ihrer Mauer im Wald von Wandlitz verschwinden.

Die Sowjetunion steht heute zwischen dem Prager und dem Pekinger Entwurf des Sozialismus. Maos Versuch ist der Versuch einer Dauerzerstörung der starren Pyramide zwischen Massen und Spitze, die Spitze sozusagen fortwährend in die Massen hineingeebnet, das Allgemeine ins Einzelne hineingedrückt, Theorie, die die Massen ergreift. Die Kulturrevolution soll die lebendige Einheit der Revolution permanent machen, soll ihr die Freiheit geben, indem sie sie wieder in Marsch setzt. Die westliche Jugend hatte vor allem für diesen Versuch Sympathie.

Wer die Begeisterung, das spontane Engagement der Prager Jugend vor und während der Okkupation 1968 nicht erlebt hat, könnte den Prager Entwurf für vergleichsweise kalt, krämerhaft, schwunglos halten. Es war da von Garantien, Rechtsstaat, Parlamentarismus die Rede, von Respekt vor dem Einzelnen anstelle der glühenden Einheit, [von] persönlicher und nationaler Autonomie. Die Spitze der Pyramide verschwindet da nicht in der Basis, sondern im Himmel, nimmt dem Einzelnen die endliche Zuordnung der Maschine und wirft ihn auf sich selbst zurück, die autonome, verantwortliche Person. Die westliche Opposition war irritiert vor allem durch den Ruf nach *Freiheit* und die Bedenkenlosigkeit in der Verwendung westlicher Schlagworte, durch die Forderung der Menschenrechte, des Schutzes der Einzelnheit vor den Übergriffen der Einheit (heute die sowjetischen Dissidenten – Sacharow). Es ist verblüffend, wie wenig bisher die Koexistenz der Oberen zu einer Annäherung ihrer Oppositionen geführt hat; sie reproduzieren nur umgekehrt das Gegenüber der Systeme, ja überbieten es. 1968 hatten beide Bewegungen Höhepunkte in Prag und Paris, doch waren sie unverbunden, standen einander gleichgültig, wenn nicht feindselig gegenüber. Das ist ihr Schicksal, solange sie ihre Alternative nur jenseits der Mauer finden, und so lange ist ihr Schicksal die Niederlage. In *beiden* Systemen ist die Vermittlung zwischen Allgemeinem und Einzelnem unterbrochen, sie sind *beide* mechanische, wenn auch auf umgekehrte Weise. Ob fehlendes oder falsches Allgemeines – Atomisierung der Gesellschaft ist die Folge;

was der Einzelne dort nicht gebunden wird, das flieht er die Bindung hier. Ein neues „Proletarier aller Länder" ist nur als Annäherung der Oppositionen denkbar – für das geteilte Deutschland käme es einem nationalen Konzept gleich. Die Mauer ist nur das steinerne Symbol fehlender Alternative.

Lebendige Geschichte ist immer neue Vermittlung von Einzelnem und Allgemeinem. Das Ganze ist das Wahre, bis es unwahr wird, herabsinkt zum Besonderen, das sich zu Unrecht für das Ganze nimmt. Dann ist die Einzelnheit die Wahrheit, sie hat nicht mehr die Freiheit *zum*, sondern *vom* Ganzen, konstituiert es nicht, sondern bricht es jetzt. Beton ist nicht Zeichen von Wirklichkeit, Individuum nicht Synonym für Ohnmacht. Freiheit ist Unschärfe der Einheit, sie ist die Geburt des Einzelnen. Für den Einzelnen gibt es keine Sicherheit, er trägt Chance und Risiko. Sein Leben ist Abenteuer, seine Freiheit Tapferkeit.

Ergänzungen I

Adolf Dresen
KRITIK AN RUDOLF BAHRO[166]
Februar 1976

1. Rudolf Bahros Kritik am „real existierenden Sozialismus" ist implizit eine Marxismuskritik, doch erklärtermaßen vom Marxismus selbst, von dessen Grundintention und Methode aus, seine Kritik am „real existierenden Sozialismus" hat entsprechend und erklärtermaßen *reformatorischen* Charakter. Der Marxismus ist, zu Recht oder Unrecht, Staatsdoktrin, und er ist, zu Recht oder Unrecht, öffentlich weithin diskreditiert. Eine Opposition, die marxistisch sein will, muß daher präzis erklären, was sie damit meint, sonst passiert ihr, was RB an Lenin entdeckt, daß sie auf dem Boden steht, den sie aus den Angeln heben will. Der Marxismus differiert inzwischen nicht nur von der Praxis, sondern auch von sich selbst, in den sowjetischen und chinesischen Raketen steht er sich sozusagen bewußtlos selbst gegenüber. Die vielen Marxismen deuten auf einen inneren Widerspruch der Theorie, der unaufgeklärt ist. Eine Theorie aber muß vor allem *scharf* sein. *Widerspricht* der Stalinismus dem Marxismus oder *entspricht* er ihm, ist er heimlich in ihm enthalten? Ist er seine *Deformation* (wie Trotzki und Chruschtschow meinen) oder seine *Konsequenz* (wie Bakunin schon zu Marx' Lebzeiten fand)? Jede Ungenauigkeit der Prämissen erweist das Resultat. *Äußerer* Widerspruch der Praxis muß sich als *innerer der Theorie selbst* auffinden lassen, dann läuft ihre Unschärfe, ihr Jein-Charakter auf eine historische Relativierung und Begrenzung hinaus. Der Marxismus ist keine amorphe, bröcklige Struktur, so daß man auf seinem Standpunkt stehen und Teile von ihm wegwerfen könnte. Wenn das Kapital nicht, wie RB behauptet, letzte Manifestation der Entfremdung ist, so bricht die gesamte Marxsche Ökonomie in sich zusammen. Der Schnitt muß sauber gemacht werden.

2. RB trennt sich von der Marxschen Ansicht, daß alle Entfremdung durch das *Kapitalverhältnis* hindurch muß, ehe sie aufgehoben wird. Er zeigt, daß die Arbeitsteilung *älter* ist als das Privateigentum, Privateigentum zwar historisch konkrete Form der Arbeitsteilung, d. h. von dieser umschlossen ist, nicht aber seinerseits die Arbeitsteilung umschließt, so daß diese mit Aufhebung des Privateigentums *nicht zugleich* aufgehoben wird. RB begründet Marx' Fehler mit Europazentrismus und Hegelei, er benutzt Hinweise von Marx, um die *asiatische Produktionsweise* der europäischen Formation des *Feudalismus-Kapitalismus* gegenüberzustellen. In der asiatischen Produktionsweise wird die Arbeitsteilung nicht durch das Privateigentum, sondern staatlich bürokratisch integriert. Die von Marx erwartete Revolution hat nicht in den Ländern des Feudalismus-Kapitalismus, sondern denen der asiatischen Produktionsweise stattgefunden, und zwar in der Form nationaler Befreiungskriege gegen den avancierten Westen. RB erklärt, warum sich die Grundstruktur der ökonomischen Despotie nun nach dem Sieg der Revolution durchsetzen muß und in der UdSSR durchgesetzt *hat*, er zeigt und erklärt das falsche Bewußtsein der Oktoberrevolution.

Warum aber die Revolution im *Osten*, nicht im *Westen* erfolgte, erklärt er nur wenig überzeugend mit einer „List der Vernunft"; den östlichen Ländern blieb so die Abhängigkeit erspart. Sonst gibt er sich mit dem Fakt zufrieden. Eine Antwort ist nur möglich, wenn die Analyse der kapitalistischen Verhältnisse einbezogen bleibt – worauf RB verzichtet.

3. RB setzt die Formationen *Feudalismus-Kapitalismus* und *asiatische Produktionsweise* gegenüber, er zeigt, daß die europäische Produktionsweise *aus sich heraus* über sich hinausführt, dynamisch ist, während die asiatische stagniert und nur *von außen* bewegt werden kann – die Kolonisierung war fast bei allen die erste Umwälzung ihrer Sozialstruktur seit Jahrtausenden. Auf den *Kern* dieser Differenz kommt RB nicht zu sprechen – *Privatbesitz* ist nur seine *passive* Seite und kann die Bewegung von innen heraus noch nicht erklären. Der Hauptunterschied ist die *Konkurrenz*. Im ökonomischen Despotismus gibt es die direkte Vermittlung von Einzelnem und Allgemeinem, von Basis und Spitze, vermittelt durch die (im Idealfall perfekt arbeitende) Bürokratie. Sinnfällige Metapher dieser Sozialstruktur bleibt das gewaltige archaische Monument ihres Mehrprodukts, die *Pyramide*. Im Feudalismus-Kapitalismus gibt es solche Vermittlung nicht,

die „Feudalpyramide" war immer nur der *fromme Wunsch* einer Bändigung der Partikulargewalten. Besitz ist nur das Zeichen ihrer Autonomie. Der Kapitalismus ist nur die Fortsetzung des inneren Krieges mit ökonomischen Mitteln. Schon Marx vernachlässigt deutlich die Konkurrenz – das ist deshalb schwer nachzuweisen, weil es nicht im fehlerhaften Detail, sondern im schiefen Gesamtkonzept des Kapitals erscheint. Die *Konkurrenz* ist verantwortlich für die alle Marxisten so überraschende Virulenz des Kapitalismus *bis heute*, *sie* ist sein innerer Motor. *Sie* vor allem wurde den ehemals kapitalistischen Ländern des sowjetischen Blocks amputiert, ihnen damit der stimulus der Entwicklung „von innen heraus" genommen, was zu einer Destrukturierung führte. Die *erste* Kritik an Marx muß die Kritik der Verkennung der Rolle der Konkurrenz sein.

4. RB befaßt sich mit der vulgärmarxistischen Auffassung der „Formationentheorie", er zeigt, daß Urgemeinschaft, antike Sklaverei und asiatische Produktionsweise *aus sich heraus* nicht höhergeführt haben, sie brauchten den äußeren Konflikt.

Aus sich heraus entwickelte nur Feudalismus-Kapitalismus eine Dynamik ständiger Selbstüberschreitung. RB will sie daher auch als *eine* Epoche verstehen. Das bedeutet aber, daß die Dialektik Produktionsverhältnisse–Produktivkräfte *nur für diese Epoche* anwendbar ist, denn sie beschreibt ja nichts anderes als deren innere Dynamik, die zur permanenten Häutung führt. Auch die Dialektik Produktionsverhältnisse–Produktivkräfte ist Hegels Erbe und Europazentrismus, eine Anwendung zum Beispiel auf die ökonomische Despotie läßt diese *nur negativ*, ökonomisch *stagnierend* erscheinen. RB wendet die Marxschen Begriffe unkritisch an; so findet er in der Gegenwart (analog der ökonomischen Despotie!) ein revolutionäres Potential in den Produktivkräften, die angeblich über die zu engen Produktionsverhältnisse hinausdrängen. Er fordert zugleich Produktionsverhältnisse, die auf die *einfache Reproduktion* zurückführen, d. h. Produktionsverhältnisse, die, so kann man schließen, die Produktivkräfte *bremsen*. Hier blamiert die mangelnde Marx-Kritik den Autor.

5. RB akzeptiert die ökonomische Despotie sogar Stalins, solange sie die historische Aufgabe der *Industrialisierung* leistet. Er meint, daß die Peripetie erreicht ist mit dem Übergang von *extensiver* zu *intensiver* Industrialisierung, daß jetzt diese Despotie *hinderlich* wird. Vorher war die Herrschaft, der Staat im Allgemeininteresse (trotz

Marx), jetzt widerspricht er ihm, es wird „das [gemeinsame] höhere Interesse zum besonderen Interesse der Höheren". Die Krise erscheint *doppelt*: als Diskrepanz zum eigenen Anspruch, den die Theorie setzt, ebenso auch zum fremden, den der Westen ständig präsentiert. RB schlägt eine *Doppel*strategie vor mit den Etappen *Rationalisierung* und sodann *Liquidierung* des Apparates. Im Westen drücken Markt und Öffentlichkeit auf seine Rationalität. Bei uns hat er nur eine begrenzte Fähigkeit der Selbsterneuerung durch verdeckte Fuhrungsrivalitäten, der Druck auf seine Rationalität kann sich nicht demokratisch, sondern nur über die Staatssicherheit oder durch spontane Aktion äußern. Eine *Demokratische Revolution* wie 1968 in der CSSR ist schon deshalb nicht antisozialistisch, weil der Ausgangspunkt nicht sozialistisch ist, doch *führt* sie auch nicht zum Sozialismus. Sie *rationalisiert* nur Apparat und Arbeitsteilung.

Deren *Liquidierung* macht RB zum Ziel einer *Kulturrevolution*, die vor allem die Bedürfnisstruktur zu verändern hätte. – Hinter seinem sehr undeutlichen und oft widersprüchlichen Vorschlag ist das Zusammenspiel einer Umwälzung von *Produktion* (Steigerung der Produktivität, *technische* Revolution) und *Konsumtion* (in Richtung auf einen integralen, gesellschaftlichen Konsum, *Kultur*revolution) zu erkennen. Eine Erhöhung der Produktivität, die im *Kapitalismus* ein Mehrprodukt ergibt, das verwertet sein will und das ihn statt in die ökonomische jetzt in die ökologische Krise treibt, kann im *Sozialismus* zur Reduktion der Arbeitszeit führen, die entlastet ist vom Verwertungszwang eines manipulativen Konsums. Doch ist mit Freizeit nichts gewonnen, wenn nach der Arbeit, in der die Gesellschaft ihm als *Zwang* erscheint, das Subjekt nur ins Vakuum der *Asozialität* fällt, in der es sich selbst als Hohlheit und Leere antrifft. Solange sich die Gesellschaft nur als Gesamt*arbeiter* begreift, ist das unvermeidlich, es setzt den Aufbau einer Öffentlichkeit, einer Kultur, eines integralen Konsums voraus, der so als die eigentliche Lösung des Marxschen Widerspruchs von gesellschaftlicher Arbeit und privater Aneignung erscheint. Westliche Freiheit ist überall Freiheit nicht in, sondern von der Gesellschaft, Einzelnheit ohne Einheit, ohne Allgemeinheit, Individuum heißt Isolation. Bei uns heißt Individuum nichts als Identifikation mit dem Allgemeinen, seine Freiheit ist nur „Einsicht in die Notwendigkeit", es gibt nur Einheit ohne Einzelnheit. In *beiden* Gesellschaften fehlt die lebendige organische Vermittlung, beide sind auf komplementäre Weise entfremdet, mechanisch. Marx' ursprüngliche kommunistische Utopie ist die lebendige Vermittlung von Einzelnem und Allgemeinem, dahin müssen beide Gesellschaften konvergieren.

RB findet ein von der Krise erzeugtes revolutionäres Potential:
1. Da die Wachstumsrate stagniert (relativ zum Westen), versagt das Regime in seinem eigenen Selbstverständnis, doch entspricht der westliche[167] seinem eigenen wachsenden Parasitismus.

Mit der stagnierenden Wachstumsrate und der Ideologie, die Konsumismus für Kommunismus ausgibt, erzeugt es selbst den Druck auf die Mauer, die es errichtet hat, da es nichts *anderes*, nur eben *weniger* anzubieten hat als die drüben. Es *zwingt* die Leute zum Kompensationskonsum, ohne ihn aber zu *ermöglichen*. Zur Ankurbelung der stagnierenden Produktivität dient ihm die Errichtung einer Quasi-Konkurrenz (materielle Interessiertheit, Leistungsdruck, Wettbewerb, Privilegienhierarchie), was den Widerspruch verschärft, ohne einen wesentlichen Effekt zu bringen. Das Regime ist zugleich das, was uns vom *Sozialismus trennt* (da er einen Staat nicht zuläßt) wie auch vom *Kapitalismus* (da es in ihm überflüssig ist). So sind alle Ideale bei uns diskreditiert (selbst das der *Nation*, das sonst östlich von uns als Ersatz noch intakt ist, oder der *Religion*, das überall wächst, für das sich der bei uns heimische Protestantismus, da selbst mehr Ideologie als Kultur, aber wenig eignet). So sind die Massen, besonders die Jugend auf das verwiesen, was man früher „Materialismus" nannte. Dies revolutionäre Potential, selbst wo es auf Überqualifikation beruht, die über den angewiesenen beschränkten Horizont hinauswill, ist dumpf, und je satter desto dumpfer, es vegetiert vor den Bildröhren und schwitzt in den Diskos, bei wachsender Ration hält es sich am Rande der Schläfrigkeit, es ist bewußtlos und mißtraut allen Erweckern. Doch der Haß ist latent und der Umschlag kann plötzlich sein, auch in die falsche Richtung.

2. Eine Sonderstellung gegenüber der Masse genießt die schon von Ulbricht gepäppelte Intelligenz, die im sowjetischen Block einzig dasteht, ein Fall von Korruption, dessen Kehrseite der Leistungsterror und die Heuchelei der Schulen sind. Der latente Intelligenzhaß der Masse, darin begründet, macht es dem Regime leichter, die Konformität der Bestochenen wächst nach oben und geht zwanglos in den Kotau über. Trotzdem existiert auch hier ein Potential, das vor allem aus der *Arbeit* herrührt, in der sie keine Befriedigung erfährt. Ihr Bedürfnis nach Effektivität und Rationalität wird dort nicht

Adol Dresen

befriedigt – wer die Möglichkeit echter Leistung hat, fühlt sich durch die politische Zumutung geniert.

Das philosophische Ideal einer Aufhebung der Fachgrenzen ist längst heruntergebracht auf die Schurigelei der Fachleute, die sich als Antwort im Fach zu verschanzen suchen. Die Doppelherrschaft Werkleiter–Parteisekretär ist durchgängig und zeigt einen Dualismus mit dauernder Tendenz zum Konflikt. Die Technokratie würde eine Wendung wie in der CSSR unterstützen, ihr aber die auch dort erkennbare technokratische Wendung geben.

3. Die Politbürokratie verliert zunehmend ihre geistige Identität. Konfrontiert mit Zwängen der Praxis, ist Marx für sie längst nur noch ein irrelevanter Spinner. Ihr Pragmatismus entspricht ihrem Dogmatismus, der Praxis der schmutzigen Hände das Beten der reinen Lehre. Sie ist in der Defensive, denn sie will nichts mehr als nur *sich*. Die Geschichte, die sie nicht *machen* kann, *manipuliert* sie, die Welt, die sie nicht versteht, sperrt sie aus. Durch die Unschärfe des Marxismus ist sie getarnt, die Opposition verfitzt sich darin. In dieser Situation ist die Politbürokratie kein homogener Körper mehr, seit Chruschtschows entscheidendem 1. Schlag zerfällt sie mehr und mehr. Die Stalinära konnte noch einen Monolithismus erzwingen, wenn auch die Einheit von Theorie und Praxis eher erzwungen wurde durch blutige Korrektur der *Praxis*. Der 2. Schlag war die Intervention in der CSSR. Seither ist ein nach außen getarnter innerer Differenzierungsprozeß im Gange, die die Besten und Frömmsten in die Opposition treibt – RB selbst ist Zeuge und Symptom dafür. Er zeigt auch, wie weit der Weg von der Deformationstheorie zu einem neuen Konzept ist – er ist nicht zu Ende.

Anonymus (Ministerium für Staatssicherheit der DDR)

EINSCHÄTZUNG ZUR AUSARBEITUNG „ZUR KRITIK DER MARXSCHEN ÖKONOMIE"[168]

Der Verfasser dieses Machwerks verfügt meines Erachtens nicht über die erforderlichen theoretischen Kenntnisse, um sich mit der politischen Ökonomie von Marx wissenschaftlich auseinanderzusetzen.

Das Ziel seiner sogenannten Kritik besteht darin, die angeführten Marxschen Lehren und Gesetzmäßigkeiten hinsichtlich der politischen Ökonomie des Kapitalismus als überlebt bzw. als von der Praxis widerlegt darzustellen, um den Kapitalismus als lebensfähige und dynamische Gesellschaft zu verherrlichen, den realen Sozialismus zu verunglimpfen und in Frage zu stellen.

Sein Vorgehen ist dabei in der Regel primitiv, sporadisch und sprunghaft.

Die Marxschen Zitate verwendet er nicht in ihrem ursächlichen Zusammenhang der behandelten Probleme. Er interpretiert sie völlig irreal und kommt so zu plumpen, abgeschmackten Unterschiebungen und Schlußfolgerungen. Seine hohlen Umkehrungen von Begriffen entbehren jeder wissenschaftlichen Durchdringung.

1. Zur Ausbeutung

Der Verfasser negiert die Marxsche Grunderkenntnis, daß das privatkapitalistische Eigentum an den Produktionsmitteln, die Scheidung der unmittelbaren Produzenten von den Produktionsbedingungen, die Ursache und Basis der kapitalistischen Ausbeutung ist. Stattdessen behauptet er, daß Marx aus der Trennung zwischen Gebrauchswert und Wert die Ausbeutung begründet hat. So kommt er dann zu der unsinnigen Aussage (S. 3), daß der Gebrauchswert der Ware Arbeitskraft den Produzenten zum Ausgebeuteten macht.

Die Fähigkeit der Arbeitskraft, ein Mehrprodukt zu erzeugen, soll die entscheidende Ursache der Ausbeutung sein. In dieser Darstellung ist ein Angriff gegen den Sozialismus enthalten. Denn auch im Sozialismus erzeugen die Produzenten ein Mehrprodukt. Folglich gäbe es auch im Sozialismus Ausbeutung. Die Diffamierung des realen Sozialismus resultiert auch aus der Feststellung, daß Mangel und Reichtum in der Gesellschaft die Folge der Wertform des gesellschaftlichen Reichtums ist.

2. Zur Arbeitsteilung

Unvermittelt und in Umkehrung der im Teil 1 getroffenen Behauptung über die Quelle der Ausbeutung geht der Verfasser im Teil 2 von der Idee aus, daß aufgrund der Arbeitsteilung nur der gesellschaftliche Gesamtarbeiter Mehrwert schaffe.

Das versucht er noch durch die absurde Behauptung zu erklären, wonach der Teilarbeiter weder konkrete noch abstrakte Arbeit sowie keinen Gebrauchswert und Tauschwert produziert.

Als „Beweis" führt er auf der S. 12 das folgende Marxsche Zitat an: „Die Produktivkraft, die der Arbeiter als gesellschaftlicher Arbeiter entwickelt, ist daher Produktivkraft des Kapitals." Das ist eine völlige Sinnentstellung des Marxschen Gedankenganges. Marx arbeitet auf der Seite 349, Kapital, Band I, heraus, daß die Kooperation der Arbeiter erst im Arbeitsprozeß beginnt, nachdem sie (die Lohnarbeiter) aufgehört haben, „sich selbst zu gehören".

In diesem Sinne kommt er zu der Feststellung, daß die Lohnarbeiter „als Kooperierende ... selbst nur eine besondere Existenzweise des Kapitals" sind. Und im gleichen Absatz sagt Marx, deshalb *erscheint* sie (die Kooperation der Arbeiter) als Produktivkraft" des Kapitals.

Aus der Arbeitsteilung schlechthin leitet der Verfasser der Kritik auch die Entfremdung der Arbeit ab. Da im Sozialismus die Arbeitsteilung objektiv voranschreitet, ist in dieser Feststellung der Schluß enthalten, daß im Sozialismus die Entfremdung der Arbeit noch zunimmt.

Die Arbeitsteilung soll nach D... die Widersprüche zwischen der geistigen und manuellen Arbeit, zwischen der Produktion und Konsumtion sowie der Herrschaft und Unterordnung hervorbringen. In diesem Zusammenhang entstellt er die Marxsche Aussage über den qualitativen Inhalt der menschlichen Arbeit. Denn Marx begründet im Kapital, Band I, Seite 186, daß die Arbeit zweckbewußte Tätigkeit ist und dieser Zweck bestimmt als Gesetz die Art und Weise des Tuns des Menschen, „dem er seinen Willen unterordnen muß". Daraus lässt sich nicht ein gesellschaftliches Herrschafts- und Unterordnungsverhältnis ableiten.

Tendenziös sind auch seine Erörterungen über die Teilung von Denken und Tun, die er gleichfalls aus der Arbeitsteilung erklärt. Aus dieser Teilung des Denkens und Tuns folgert er die Möglichkeit der Entwicklung „des falschen, manipulierten Bewußtseins, des Informationsmonopols der Eingeweihten und der Unterdrückung der Nichteingeweihten" (S. 16). Darin steckt ein Angriff gegen die führende Rolle unserer Partei und des sozialistischen Staates.

Seine Folgerung: „diese Herrschaft provoziert selbst ihren Sturz", ist in diesem Zusammenhang wie eine Ermunterung konterrevolutionärer Kräfte zu verstehen.

3. Zur Konkurrenz

Besonders in diesem Abschnitt betreibt D. eine Glorifizierung des Kapitalismus. Nach seiner Meinung hat Marx die kapitalistische Konkurrenz als Triebkraft der allseitigen Entwicklung des Kapitalismus nicht erkannt. Das Zitat aus dem Kapital, Band III, S. 885, auf der Seite 25 des Pamphlets, welches er als „Beweis" dafür anführt, interpretiert er falsch. Aus dem Sachverhalt ist zu ersehen, daß Marx bei der „Darstellung der Versachlichung der Produktionsverhältnisse und ihrer Verselbständigung gegenüber den Produktionsagenten" die Konkurrenz als allgemeine Gesetzmäßigkeit des Kapitalismus impliziert und nur die „wirkliche Konkurrenz", wie sie konkret im gesamten Reproduktionsprozeß auftritt, ausschließt.

Der Verfasser suggeriert die Auffassung, daß die Konkurrenz die entscheidende Grundlage für die beständige Entwicklung und Lebensfähigkeit des Kapitalismus ist. Die Konkurrenz würde zur „permanenten Revolution der gesellschaftlichen Verhältnisse … innerhalb der kapitalistischen Produktionsweise" führen und der „sozialen Revolution den Boden" entziehen.

Nach seiner Meinung blieb Marx diese alles bewegende Rolle der Konkurrenz verschlossen. Aus diesem Grunde hätte Marx auf den Klassenkampf als äußeren Faktor gesetzt, um die kapitalistische Gesellschaft zu beseitigen. Der Verfasser leugnet also den Klassenkampf als innere Gesetzmäßigkeit des Kapitalismus und entscheidende Triebkraft für die Beseitigung dieser Ausbeuterordnung.

Diese These vom Klassenkampf als äußerer Faktor richtet sich objektiv gegen den Kampf der Arbeiterklasse und Völker zur Liquidierung des Kapitalismus. Zum anderen unterstützt sie die ideologische Diversion des Imperialismus, wonach die sozialistischen Länder die Unzufriedenheit der Werktätigen in den kapitalistischen Staaten künstlich erzeugen.

Dem gleichen Zweck – die Leugnung des Klassenkampfes als Haupttriebkraft – dient auch seine Darstellung über die technische und soziale Revolution. So kommt der Verfasser auf der Seite 29 zu dem Schluß, daß im Kapitalismus die technische Revolution an die Stelle der sozialen getreten ist. Die technische Revolution sei überhaupt die entscheidende, denn die soziale Revolution wurde im „Osten" nur ausgelöst, um in die technische zu verschwinden.

Hier kommt deutlich die Verwandtschaft aller Aussagen des Verfassers mit der imperialistischen Konvergenztheorie zum Vorschein.

Auch in seiner Feststellung auf der Seite 30, wonach sich die Gesellschaftsformation nicht nur nach den Eigentumsformen, sondern auch nach der Produktivität unterscheiden, wird dies sichtbar. Auf diesem Gebiet sei der Sozialismus jedoch dem Kapitalismus unterlegen, weil er die Konkurrenz aufgehoben hat.

Die Verleumdung des realen Sozialismus zeigt sich ferner in seiner Behauptung, daß das „Verschwinden der Konkurrenz ... nur Wiedererrichtung von Herrschaft" (S. 32) bedeutet.

4. Zur Krise
Die wesentliche Aussage dieses Abschnitts läßt sich wie folgt zusammenfassen:

Die ökonomischen Krisen sind im Kapitalismus nicht systemimmanent. Bei der Begründung der zyklischen Krise sei Marx von falschen Voraussetzungen ausgegangen. Die Praxis hätte z. B. nicht bestätigt, daß sich die Selbstverwertung des Kapitals verschlechtert hat. Das von Marx entdeckte Gesetz des tendenziellen Falls der Profitrate habe sich nicht realisiert. Das versucht der Verfasser damit zu belegen, daß der einzelne Teilarbeiter keinen Mehrwert (Mehrprodukt) erzeugt, sondern nur der gesellschaftliche Gesamtarbeiter.

Andererseits hätte Marx nicht erkannt, daß der Kapitalismus ununterbrochen die Konsumtion ausdehnt. Das Problem der Realisierung des gesellschaftlichen Produktes sei demzufolge im Kapitalismus gelöst. Der Sinn der kapitalistischen Produktionsweise erscheint so in der Befriedigung der Bedürfnisse der Werktätigen (Konsumgesellschaft).

Zum Gesamteindruck
Die vorliegende Ausarbeitung „Zur Kritik der Marxschen Ökonomie" läßt keine endgültigen Schlüsse auf die Absichten des Verfassers zu.

Diese „Kritik ..." ist eine dreiste Fälschung des wissenschaftlichen

Sozialismus/Kommunismus und insbesondere der marxschen Ökonomie. Der Verfasser stellt von Marx entdeckte objektive Bedingungen der kapitalistischen Produktionsweise in Frage, die seit dem Erscheinen von Marx' Kapital von allen bedeutenden Köpfen der Wissenschaft, auch der kapitalistischen Wirtschaft, anerkannt werden.

Diese Attacke des Verfassers zeugt von maßloser Ignoranz und von Überheblichkeit. Das Ende der „Kritik…" gibt zu erkennen, daß der Verfasser sich auf dem Boden der imperialistischen Propaganda gegen die sozialistischen Staaten stellt. Er stellt den real existierenden Sozialismus und den Marxismus als Träger des Stalinismus dar. So belesen der Verfasser erscheint, so verblüffend ist der Umstand, daß ihm [die] dem realen Aufbau der entwickelten sozialistischen Gesellschaft entstammenden Begriffe scheinbar nicht geläufig sind.

Gesellschaftliche und individuelle Interessen und Bedürfnisse, die eine bedeutende Triebkraft der gesellschaftlichen Entwicklung sind, „vergißt" der Verfasser in seiner „Kritik…".

Er stellt die Konkurrenz im Kapitalismus nicht als gleichzeitigen Ausdruck von individuellen und Klasseninteressen der Ausbeuter dar, sondern reduziert sie auf ökonomische tote Kategorien. Er umgeht so die Frage der Interessen und Bedürfnisse als Triebkraft in Ausbeuterordnungen und unter den Bedingungen des Sozialismus.

Aus dieser „Kritik…" , die keinen Bezug auf eine Marx entgegenzusetzende Konzeption aufweist, spricht nur die gegenwärtige Auswegslosigkeit und Konzeptionslosigkeit der bürgerlichen Ideologie.

Der Verfasser offenbart sich in dieser „Kritik…" als prinzipienloser Kleinbürger, der in seiner Unsicherheit Gefahr läuft die Fronten zu wechseln, der in Skeptizismus verfällt und zu „radikalen" Reden (und Handlungen) neigt. Indem er die bürgerliche Konvergenztheorie mit eigenen Beiträgen bereichert und verbreitet und sich in dieser „Kritik…" des Wortschatzes der Zentren der politisch-ideologischen Diversion bedient, offenbart er seine politische Gesinnung, die dem Marxismus zuwider läuft.

Eine Verbreitung dieser Kritik unter Bürgern der DDR ist geeignet, die staatlichen, politischen, ökonomischen Verhältnisse der DDR zu diskriminieren.

Die *Ausarbeitung* dieser „Kritik…" läßt aber noch nicht den Schluß zu, daß der Verfasser „mit dem Ziel, die sozialistische Staats- und Gesellschaftsordnung der DDR zu schädigen oder gegen sie aufzuwiegeln…" (StGB, § 106) handelte.

Adolf Dresen

DIE NEGATION DES BUDDHA

Brief an Rudolf Bahro[169]

16.8.1983

Lieber Rudolf Bahro,

wir trafen uns vor längerer Zeit in Berlin, und ich hatte Ihnen danach ein Manuskript geschickt. Das kam aber zurück, weil Ihre Adresse sich geändert hat… Es betrifft vorwiegend einen Punkt, der damals zwischen uns besprochen wurde – ob und inwiefern sich der Marxismus grün auslegen läßt. Die Arbeit bezieht sich vor allem auf das „Kapital", als die konsistenteste Darstellung der Marxschen Ökonomie. Sie zeigt in der Mehrwerttheorie zwei schwerwiegende logische Fehler an entscheidender Stelle. An sich ist das nur ein Beweis der Wissenschaftlichkeit des Marxismus, wenn man für die Wissenschaft geltend macht, daß grundsätzlich jeder Widerspruch zwischen Theorie und Praxis als innerer Widerspruch der Theorie selbst aufweisbar sein muß. Der Inhalt des „Kapital" wird sehr knapp resümiert, nicht in Marxscher Ausdrucksweise, doch, wie Sie feststellen können, präzis. Es wird gezeigt, daß Marx' Definition des absoluten Mehrwerts unscharf ist und nicht standhält. Die wichtigere Beweisführung richtet sich aber gegen den relativen Mehrwert, und sie baut auf der anderen auf. Sie enthält tatsächlich das ganze historische Dilemma der Revolution in einem Land des vergeblichen Versuchs, die westliche Arbeitsproduktivität zu erreichen. Später versucht die Arbeit positiv eine etwas andere Darstellung des historischen Verlaufs. Sie werden darin eine Beurteilung der „asiatischen Produktionsweise" finden, wie Sie sie in der „Alternative" vorschlagen (ich kannte Ihr Manuskript in der DDR).

Letztlich aber ergibt sich, daß Marx in seinem Revolutionsbegriff technische und soziale Revolution fälschlicherweise identifiziert. Erst wenn man das auflöst, läßt die heutige Situation sich auch von Marx her wieder verstehen. Man kann sagen, daß die Grenze des Marxismus bestimmt ist durch diese Identität, so wie die Grenze der Newtonschen Physik durch die Annahme, das Wirkungsquantum habe keine endliche Größe.

Die Arbeit ist nicht leicht zu lesen, und ich bitte Sie herzlich um Geduld. Sie ist etwas zu knapp gehalten, hat sozusagen wenig Redundanz. Das hat seinen Grund vor allem darin, daß sie an sich bloß für mich geschrieben war, und größte Kürze erlaubt größte Transparenz und ein Maximum an Selbstkritik. Bisher hat mir noch niemand einen Fehler in der Arbeit zeigen können. Vielleicht können Sie es?

Daß mich diese Fragen zentral interessieren, ist durchaus keine Abschweifung von meinem Beruf. Die Krise des Theaters, man kann wohl sagen der Künste, fällt ganz allgemein mit der Krise des Menschen, des Naturwesens Mensch zusammen. Daraus ergibt sich wohl, daß die Künste, je nötiger sie tatsächlich werden, um so überflüssiger erscheinen, und daraus ergeben sich sonderbare Deformationen der Künste. Die Künste, die hier ja auf dem Markt erscheinen, drohen nicht nur permanent zur Ware zu werden, sie konkurrieren vielmehr auch. Der Avantgardismus der Künste ist vor allem aus solcher Konkurrenz geboren, und oft genug entgeht die Kunst dem Warencharakter nur durch die abstrakte Negation [in Gestalt] purer Originalität, d. h. durch die Esoterik. Die Negation dieser Gesellschaft ist als abstrakte unmöglich: sie ist selbst ihre eigene permanente Negation, jedenfalls ist ihre Produktionsweise die Negation jeder bestimmten Produktionsweise. Daher kommt das bereits artikulierte, aber kaum begründete Gefühl der „repressiven Toleranz", das Gefühl, in immer schon vorher offene Türen zu rennen. Jeder Affront gegen die Gesellschaft erscheint daher als Funktion dieser Gesellschaft selbst, die ihre eigene Negation, Negation aller Gesellschaft ist, die man als Asozialität gewordene Gesellschaft verstehen kann, als pure Desintegration, Verkehrsform gewordene Explosion. Zwischen Konkurrenz und Hierarchie verschwindet alles, was einmal Gesellschaft hieß und Künste möglich und nötig machte, das, was für Marx, als die Einheit der Einzelnen, „Kommunismus" hieß.

Mir scheint, daß diese Gesellschaft weit gefährlicher ist als die drüben – die drüben aber ist eine ohnmächtige Alternative, der zur Wahrheit wohl mehr fehlt als die Selbsterkenntnis ihres Zustands. Was hier zwischen Konkurrenz und Hierarchie untergeht, geht dort allein unter in der Hierarchie. Die Stabilität ist die der Steine, der Frieden des Friedhofs. Ich schreibe in meinem Manuskript nichts über eine Alternative und beschränke mich allein auf Kritik. Das Affirmative erscheint, wie ich hoffe, in der Konkretheit der Kritik. Im übrigen hoffe ich in der Richtung des Gedichts von Brecht über das „Gleichnis des Buddha vom brennenden Haus", daß in solchen Situationen über das Danach nichts zu sagen ist, da die Alternative nur noch das Nichts ist. Mit dem Unterschied vielleicht, daß ich statt der aktiven Brechtschen Negation die passive des Buddha vorzuziehen beginne.

Ihr Adolf Dresen

Adolf Dresen

SOZIALE UND TECHNISCHE REVOLUTION

Vorbemerkung zur „Kritik der Marxschen Mehrwerttheorie"
(1975/1976)[170]

Zentrum des Marxschen Werks ist seine Revolutionstheorie; sie verbindet seine Philosophie und seine Ökonomie, seine Dialektik und seine Geschichtsauffassung, seine Theorie und seine Praxis („Die Philosophen haben die Welt nur verschieden interpretiert, es kommt darauf an, sie zu verändern"). Gerade in seiner Revolutionstheorie aber ist Marx gescheitert: er hat eine Revolution vorausgesagt und vorbereitet, die in dieser Weise nicht gekommen ist. Für ihn war die soziale Revolution zugleich eine technische, die Befreiung des Proletariats zugleich eine Befreiung der Produktivkräfte, das Proletariat zugleich die Hauptproduktivkraft. Die Geschichte hat solche Einheit der Revolution nicht bestätigt, beide schlossen sich in der Geschichte gegenseitig aus, die eine geschah um den Preis der anderen. Ich wollte zeigen, daß die Abweichung der historischen Praxis von der Theorie mit dem Fehler der Theorie selbst zusammenfällt. Ein Inkonsistenznachweis läßt sich nur in Marx' ökonomischer Theorie führen, da sie selbst einen Konsistenzanspruch stellt (das ist bei dialektischen Theorien nicht ohne weiteres der Fall) – es ist daher zu beklagen, daß Bahro, Harich, aber auch die Frankfurter Schule sich mit Marx' Ökonomie wenig befaßt haben.

Marx' Revolutionstheorie ist in seiner Ausbeutungs- bzw. seiner Mehrwerttheorie enthalten. Eine Kritik dieser Theorie könnte, so hoffe ich, auf eine neue Theorie führen, und diese könnte sich sogar auf Marx berufen, wenn sie die Kritik und die Veränderung der gesellschaftlichen Verhältnisse einschließt. Es wird keine Linke geben, die Marx links liegenläßt.

31. Januar 2000

Ergänzungen II

Adolf Dresen

THEATER UND ERKENNTNIS

Eine nicht gehaltene Rede [171]

Wenn wir hier über Erfolge reden wollen, dann lassen Sie uns über Außenpolitik, Landwirtschaft oder Sport sprechen. Wenn wir über Theater sprechen wollen, können wir nicht über Erfolge sprechen. Mißerfolg, negative Bilanz, Niedergang sagen wir allerdings nicht gern, wir sagen dann z. B. lieber: „Es verstärkt sich bei den Theaterleuten der Eindruck, daß unser Theaterleben insgesamt nicht auf der Höhe…" – nachzulesen in den FRAGEN ÜBERLEGUNGEN EMPFEHLUNGEN (Seite 2). Auf diese Art, die Wahrheit zu sagen, komme ich noch zurück.

Wir alle haben das dumpfe Gefühl von Niedergang oder Krise, da können Sie unter den Praktikern nahezu fragen wen Sie wollen. Daß es nicht *mehr* ist als ein dumpfes Gefühl, liegt vielleicht daran, daß wir mittlerweile schon gar kein Vokabular mehr haben, etwas andres als Positives überhaupt auszudrücken. Oder auch, weil der Niedergang der Kritik, die ihn registrieren müßte, völlig adäquat ist. Das Bier ist kein Bier mehr, was dadurch ausgeglichen wird, daß die Zigarre keine Zigarre mehr ist.

DDR-Theater war einmal Welttheater – durch die Arbeit Brechts und der Generation, die aus der Emigration zurückkam. Wir, die folgende Generation, müssen uns sagen, daß wir den Höhenflug nicht haben halten können, daß wir in Provinzialismus zurückfallen – was Überhebung, Anmaßung, mangelnde Selbstkritik durchaus einschließt, denn für die Provinz ist immer die Provinz die Mitte der Welt. Da wir inzwischen nur noch mit uns selber wettlaufen, sind wir natürlich immer die Schnellsten. In Sport und Wissenschaft zweifelt niemand daran, daß der internationale Vergleich Prämisse der Erfolge ist; wenn irgendwo ein neuer Beinschlag oder Kunststoff erfunden wird, dann reisen unsre Spezialisten.

Ich bin Regisseur in Berlin. Ich habe, ehrlich gesagt, keine Ahnung, was im Welttheater geschieht. Ich weiß nicht, was Ljubimow, Towstonogow machen, ich weiß nichts von Strehler, Brook. Wegen Brooks „Sommernachtstraum" sind wir nach Warschau gefahren. Als ich in der Westberliner Schaubühne ausnahmsweise den „Homburg" sah, sah ich mir im Foyer Bilder anderer Aufführungen an. Ein ebenfalls anwesender Kollege vom Ministerium erklärte mir: „Peer Gynt", und setzte erstaunt hinzu: „Ach, haben Sie nicht gesehen?" Nur angesichts der feindlichen Umkreisung unterblieb eine drastische Reaktion von meiner Seite.

Die Veranstalter der Berliner Festtage achten sorgfältig darauf, daß nichts hereinkommt, das geeignet wäre, unsre Friedhofsruhe zu stören. Die Sorge um uns geht so weit, daß es fast unmöglich ist, neueste Literatur für die Arbeit zu kriegen – wie wir eben bei Kleist. Oder die Kollegen, denen für Kroetz' „Oberösterreich" nur noch die Nabelschau übrigbleibt. So sitzen wir an unserm warmen Ofen und lassen die Völker möglichst nicht näher als in der Türkei aufeinanderschlagen. Dem internationalen Wind sind wir nicht ausgesetzt, wir haben es sozusagen gar nicht nötig, etwas zu leisten. Weltoffenheit unseres Theaters wäre die Bedingung, daß wir unsre Fehler überhaupt erst einmal *bemerken*. Ein Leitender Funktionär fragte mich einmal: „Wie soll man die kulturellen Prozesse leiten?" Ich sagte damals: „Weniger, um Gotteswillen weniger." Ich möchte das heute etwas modifizieren und von zwei Gründen – sie laufen genaugenommen auf einen hinaus – für die Stagnation unseres Theaters sprechen.

Der erste Grund

ist ein mehr äußerer, er betrifft die Struktur unserer Theater. In Deutschland führte die Entwicklung von unten nicht zur Nation und damit auch nicht zum Nationaltheater. Jeder Duodezfürst hatte „sein" Theater. Neigung zum Provinzialismus war dem deutschen Theater damit schon in die Wiege gelegt. Vielleicht aber lag in dem Viel auch die Chance der Vielfalt, eines nichtuniformen Reichtums, nach 45 auch Chance des DDR-Theaters. Die Bestrebungen an der Spitze waren einmal heterogen: Brecht, Langhoff, Heinz, Vallentin schienen unvereinbar und eröffneten ein breites Spektrum. Inzwischen hat sich ein domestizierter Brecht durchgesetzt und damit erledigt. Je uninteressanter Berlin als Theaterhauptstadt wurde, umso größer wurde sein Sog: in einem Strudel sinnloser Ensemblefluktuation dreht sich alles um Berlin wie ums goldne Kalb, der Humus lokaler Entwicklung kann sich nicht mehr bilden. Als ich vor zehn Jahren in Greifswald war, gab es überall noch eigenständige Entwicklungen, seither ist die Landschaft verödet.

Der Sog zum Zentrum betrifft auch das Laienspiel. Lassen Sie mich sagen und das mit Bitterkeit, da ich selbst aus dem Laienspiel komme, daß ich die in Arbeiterfestspielen kulminierende Arbeitertheaterentwicklung für mehr als unglücklich halte. Sie strebt eine (reduzierte) Kopie des Berufstheaters an und besinnt sich keinen Augenblick auf die völlig andere, vielleicht viel höhere Qualität des Laienspiels. Auch hier herrscht hierarchisches Denken, und schöne Berichte, „abrechenbare Erfolge", der Erwerb von Goldmedaillen für den BGL-Schrank ersetzen wirkliche Lebendigkeit. Wer wüßte nicht, daß in diesen Arbeitertheatern die Arbeiter in der Minderzahl sind und daß sogenannte Trägerbetriebe sich mit dem Tragen der Kosten und der Auszeichnungen begnügen. *Eine* bittere Folge ist der eklatante Rückgang fähiger Bewerber an den Schauspielschulen unter die Platzkapazität – ein in unserer Tradition einmaliger Vorgang, dessen Kehrseite ein Überangebot an Bewerbern für Theaterwissenschaft ist.

Lassen Sie mich die Frage von einer andern Seite beleuchten. Seit der Sozialisierung der alten Wandertruppen der Neuberzeit, ihrer Verschmelzung mit den Hoftheatern, der Widerspruch von Institut und Ensemble. Die alten halb asozialen Vagabunden wurden an den von Höfen oder Städten ausgehaltenen Häusern gebändigt, doch die Reibung ist bis heute fühlbar. Das Theater hat *beide* Momente, und vielleicht lebt es von deren Widerspruch. Das Ensemble bringt die Lebendigkeit, die schöpferische Unruhe. Das Institut organisiert sie in der jeweils möglichen Leistung, es ist reproduktiv, wo das Ensemble produktiv ist. Doch die Balance solcher wechselseitigen Notwendigkeit scheint mir mehr und mehr gestört. Dem Institut wird die Produktion langsam zur bloßen Bedienung seiner Selbsterhaltung wie ein Schauspieler witzelte: Wenn die Bühne abbrennt, sind die bloß froh, wenn sie es überhaupt merken. Theaterarbeit wird immer mehr Selbstbefriedigung des Instituts, sinnloses Mahlen des verselbständigsten Apparats. Selbst hierarchisch organisiert, begünstigt das Institut den Run auf die Zentrale; was auf der Strecke bleibt sind die Ensembles. Was Ensemble bedeutet, habe ich in München gemerkt, wo es keins gab, aber wie lange dauert das noch bei uns? Ensemble und Engagement, das gehört zusammen. Eine Gruppe kann sich nur integrieren für oder gegen etwas, sie hat nur, mehr oder weniger formuliert, programmatische Existenz. Brecht gab mit dem Berliner Ensemble ein solches Beispiel. Das [politische] Engagement unserer Theater sofort nach dem Krieg war der Beginn ihres Erfolgs und ihrer deutlichen Überlegenheit gegen die westdeutschen Bühnen. Inzwischen macht ein westliches Theater uns nach, was wir verlernt haben. Die Westberliner Schaubühne integriert ihr Ensemble scharf programmatisch gegen den westdeutschen Staat.

Ich bin *nicht* der Meinung, daß Theater nur in der Opposition möglich ist, und nenne den Namen Shakespeare. Unser Problem ist aber, daß es keine Gruppenintegration gibt, die nicht sofort aufgesogen würde vom übergreifenden Ganzen. Es geht gar nicht um Opposition, es geht um Autonomie. Das Eigenleben, d. h. das Schöpferische, ist aus den Ensembles verschwunden, sie existieren meist nur noch aufgrund der Trägheit der Masse. Man spricht dann stolz von Stabilität. Doch erstes Zeichen eines Ensembles ist nicht seine Stabilität, sondern sein *kollektiver Wille*, auch wenn er sich bloß in Personen ausdrückt, z. B. der des Leiters. Was es bei uns jetzt gibt, sind Institutsangestellte, die Schauspieler sagen selbst „Darstellungsbeamte". Institut ohne Ensembles, das gibt es, dagegen keine Ensembles ohne Institut – das erweist den Trend.

Wie sehr das Denken schon geprägt ist vom Verzicht auf Ensemble und Engagement, sehen Sie an den FRAGEN ÜBERLEGUNGEN. Ab Seite 4 ist da z. B. von „Funktion" und „Bedürfnissen" die Rede. Das sind alles Begriffe, die überhaupt nur das Institut betreffen. Sicher, das muß funktionieren, das ist ja das einzige, was es kann. Und es versucht natürlich seinen Nutzen nachzuweisen, damit es Geld kriegt. Solche Überlegungen landen irgendwann immer beim Agititionstheater. Dabei gibt es auch andre noble Dinge, deren Nutzen durchaus zweifelhaft ist. Z. B. den Menschen.

Das Theater als Bedürfnisbefriedigungsanstalt scheint mir noch ominöser. Ich glaube, wenn die Theater anfangen, Theaterbedürfnisse zu befriedigen, dann gibt es bald keine mehr. Hier bricht das Konsumdenken massiv ein. Produktion und Konsumtion stehen sich in der Kunst nicht, wie in der Warenproduktion, gegenüber, sondern sind eine Einheit. Brecht hat das Konsumententheater sein Leben lang angegriffen, von „Glotzt nicht so romantisch", der Attacke gegen das „Kulinarische", bis zum Ersetzen des Nützlichkeitsbegriffs durch den der Produktivität, [zu] dem Theater für die Produzenten. Das war der

Kern seiner Theaterrevolution, nicht irgendein „Stil". Den Stil haben wir uns nun angewöhnt, den Rest vergessen wir schnell.

Der zweite Grund
der Stagnation ist ein mehr innerer, er hängt zusammen mit der Schwäche unserer dramatischen Literatur. Nach dem 8. Parteitag [der SED] forderte mich ein Kulturfunktionär einmal auf: Seid doch kühner! Ich fragte ihn inwiefern. Er sagte: Mehr Experiment, mehr Artistik, mehr den großen Spass! Er hatte dergleichen wohl irgendwo gehört. Er sagte nicht: Mehr Realismus. Und als ich ihn ausdrücklich fragte, verstand er nicht und dachte vielleicht sogar, ich lade ihn auf die Schippe. Ich will deshalb hier deutlich sagen, was ich meine.

Vor mehreren Jahren interessierte ich mich sehr für die Geschichte der DDR und war längere Zeit in einem großen Werk, wo mir ein wichtiges Kapitel geschrieben schien. Ich arbeitete dort in einer Reparaturbrigade und war im Archiv. Im Archiv sah ich mir Fotos an. Da sie unbeschriftet waren, fragte ich die Archivare. „Ach Gott" sagten sie, „da ist der erste Werkleiter noch drauf, der hat Selbstmord gemacht, das müssen wir aussortieren." Das nächste mußten sie auch aussortieren, da war ein Parteisekretär drauf, der nach dem Westen abgehauen war. Auf dem nächsten war noch das Werkschild „J. W. Stalin" sichtbar, auf dem [über]nächsten sogar der strahlende Chruschtschow. Schließlich gaben sie mir ein Buch, das war gedruckt und da war zu sehn: Goldne Sonne überm Hochofen, glitzernde Schweißperle im Antlitz des Hochöfners usw. usw., und sie fragten mich: Willst du nicht lieber das?

Etwa so ist die Lage unserer Dramatiker, und wenn ihre Werke endlich das Imprimatur bekommen, sind sie auf die Idylle reduziert. Von der Dynamik, dem Heldentum der Pioniere der DDR ist nichts mehr übrig, ein Ablauf wie geschmiert, höchstens ein paar Fehler, Mängel und Schwächen, die schnell überwunden wurden. Dramatiker wie Müller und Hacks, große Hoffnungen, haben sich, der eine nach dem „Tassow", der andre nach der „Umsiedlerin", in esoterische Landschaft verloren. Baierl, Autor der „Flinz", beschert uns jetzt „Die Lachtaube". Goldne Sonne überm Hochofen! In der Zeitung lese ich aber von siebzig neuen Gegenwartsstücken. Gesegnete Fruchtbarkeit.

Damit Sie mich nicht falsch verstehen, ich meine nicht Tabus brechen. Tabus sind Wahrheiten, die zwar nicht gesagt werden, aber bekannt sind. Ich meine *Erkennen* der Wahrheit, wie in dem in Ihrem

Material zitierten Brechtsatz (S. 8). Wer es mit dem Realismus ernst meint, muß Auseinandersetzung mit der Wirklichkeit, ihre Entdeckung meinen, unabhängig zunächst von jeder These oder Meinung *über* diese Wirklichkeit, unabhängig von jeder Strategie und Taktik. Ich zitiere aus einer Zeitschrift, die mit Theater nichts zu tun hat, „Wissenschaft und Fortschritt" 1974, aus einem Artikel über Parapsychologie, gezeichnet von mehreren Professoren und Doktoren. Ein Satz lautet dort: „Offenbar gibt es einige der sog. parapsychologischen Phänomene tatsächlich. *Aber ihre Existenz anzuerkennen hindert uns die Unkenntnis des betreffenden Übertragungskanals…"*. Das ist von fast klassischer Schönheit. Wenn etwas nicht in unser Weltbild paßt, erkennnen wir seine Existenz eben nicht an. Schon Morgenstern wußte, daß nicht sein kann, was nicht sein darf. Da endet aller Realismus, und dann kann man wirklich nichts anderes mehr tun als ein bißchen Artistik, Experiment und paar Späßchen. Prodesse [et] delectare, utile cum dulci[172], man hätte gemeint, diese Ästhetik sei längst vorbei. Und dann kommen unsre gelehrten Herren und fordern den großen Gegenstand. Was sie damit meinen, wissen sie vermutlich selber nicht.

Erreichen tun sie damit die Mißachtung des Kleinen, das im Alltag versteckt liegt und womit jede neue Wahrheit beginnt. Es gibt nur einen großen Gegenstand, das ist der Mensch in all seinen Verhältnissen. Tschechow und O'Casey haben gezeigt, in wieviel Kleinem dies Große sich zeigt. „Gehe vom Häuslichen aus und verbreite dich, wenn du kannst, über alle Welt", rät Goethe jüngeren Autoren – er selbst ist immer ausgegangen von der eigenen Biographie. Die Dialektik des *Welt*theaters war immer, daß es *Lokal*theater war; das gilt für die Griechen, die Elisabethaner, für Shakespeare, für die Spanier. Die Wahrheit ist konkret, und das Glück liegt auch hier ziemlich niedrig am Boden.

Ich bin fast sicher, daß viele von Ihnen mit der hier von mir geäußerten Meinung nicht übereinstimmen. Oft sind das vielleicht die, die statt des Satzes: Was wir gemacht haben, war schlecht, lieber sagen: Wir wollen es *noch besser* machen. Liebe Kollegen, diese Art die Wahrheit zu sagen ist auch eine Art zu lügen. Mancher meint vielleicht, mein Beitrag sei pessimistische Schwarzmalerei. Ich habe noch nie begreifen können, wo der Optimismus liegen soll, wenn man annimmt, alles würde schon gut werden. Diese Art Optimismus schien mir immer nur mangelndes Vertrauen in die eigene Kraft, es gut zu *machen*.

10. September 1974

Adolf Dresen

ZUR FRAGE DER NATION

Ein Brief[173]

A. Dresen / 1017 Berlin / Singerstr. 83/14/6   *Berlin 30.10.74*

Sehr geehrter Herr Gosselck!

Meine Absage haben Sie hoffentlich in Hinblick auf Ihre Dispositionen rechtzeitig bekommen. Ihr Thema interessiert mich durchaus, eine Klarheit in den zur Debatte stehenden Fragen erscheint mir sehr wichtig. Zur Zeit der Gründung der beiden deutschen Staaten schloß Brecht eine programmatische Rede mit den Worten: „Die Losung der deutschen Klassik gilt immer noch: Wir werden ein nationales Theater haben oder keins."[174] Ist dieser Satz, der am Kopf seiner „Theaterarbeit" steht, nach 25 Jahren falsch geworden?

In der DDR hat der Begriff der Nation, soweit ich sehe, immer eine größere Rolle gespielt als in der BRD. Der schnelle westliche Kosmopolitismus war vielleicht eine Flucht vor der nationalen Vergangenheit. Die Gegner des Nationalsozialismus, die aus Emigration oder KZ in die DDR zurückkehrten, verwarfen den Begriff Nation nicht, im Gegenteil: sie hatten den Nationalismus nie als Äußerung, sondern als Schändung der Nation verstanden. „Deutschland meine Trauer, Land im Dämmerschein" hatte Becher, „Deutschland, bleiche Mutter" Brecht im Exil gedichtet. Sie begriffen nach der Rückkehr ihre Aufgabe als nationale, Nation wurde ihnen synonym für radikale Bewältigung der Vergangenheit.

Während der Konfrontation des Kalten Krieges war „Nation" beidseitig die Flagge der Offensive. Der nationale Anspruch bedeutete: *ganz* Deutschland sozialistisch bzw. kapitalistisch. Mit dem Abbau der Konfrontation scheint es nun so, als sei die nationale Frage zwar nicht gelöst, aber verschwunden. Es scheint dann bequem zu behaupten, im Zeitalter weltweiter Kommunikation, übernationaler Integration werde die Nation ohnehin zum Anachronismus, das Verschwinden der deutschen sei folglich nur Ausdruck einer weltweiten Entwicklung.

Ich möchte sagen, daß mir solche Ansicht von Opportunitäten bestimmt scheint, und sie scheint mir gefährlich. Sich keiner Nation angehörig fühlen ist ein Zeichen mangelnder Identität, mangelnder Geschichtsbewältigung. Jede Vernachlässigung oder Diskriminierung des nationalen Moments hatte bisher Nationalismus zur Folge, gewiß eine der dumpfsten und unerfreulichsten Zeiterscheinungen, die negativ erweist, daß die Nation nicht so tot ist wie mancher möchte. In den antiimperialistischen Befreiungskriegen ist das starke nationale Moment nicht zu übersehen. Eine deutsche Besonderheit ist gewiß, daß die Nation *von unten* nicht zustande kam, daß sie nicht Losung einer *Emanzipations*bewegung war, entweder der aufstrebenden Bourgeoisie gegen feudalen Partikularismus oder der Kolonien gegen die imperiale Macht. Die Gründung des Reichs erfolgte vielmehr zu einer Zeit, da die innere Emanzipation nicht mehr, die äußere aber noch nicht aktuell war. Man hat das als „deutsche Misere" bezeichnet – Verdrängung der Nation kann, wie ihre Erzwingung, nur traumatische Folgen haben, d. h. die Misere fortsetzen.

Einigen mag es so scheinen, als sei die deutsche Nation dem Weltfrieden geopfert, Befestigung der Teilung also Bedingung der friedlichen Koexistenz. Es gibt bei uns die These: friedliche Koexistenz ja, aber keine ideologische Koexistenz (das Wort ideologisch deckt sich in gewisser Weise mit kulturell). Das heißt aber, daß auf diesem Gebiet die Teilung nicht akzeptabel ist, die Offensive unverzichtbar, die Auseinandersetzung unvermeidlich und Bestandteil der Kulturrevolution. Marx schrieb einmal (Einleitung zur Kritik der Hegelschen Rechtsphilosophie), die Deutschen könnten ihr Problem nicht lösen, ohne zugleich das Problem der Menschheit zu lösen. In gewisser Weise ist das immer noch oder wieder neu wahr. Es wird eine einige Nation nur geben in einer einigen Welt. Andere Nationen mögen die Weltprobleme vergessen können – wir können es nicht, bei uns geht der Schnitt mitten durchs Fleisch, Nation wird uns zum Synonym für die Bewältigung der Zukunft. Jede *Abkürzung* dieses Weges kann man nationalistisch nennen.

Ablehnung der ideologischen Koexistenz vereinbart sich nicht mit äußerer Abgrenzung, sozusagen geistiger Quarantäne, sie heißt Einheit als direkter Kampf der Gegensätze. Solche Einheit der Kultur kann es nicht nur, sondern *muß* es geben. Sie gibt es auch nicht erst seit heute, niemand sollte annehmen, es habe zu Zeiten äußerer Einheit eine Kultur gegeben, die nicht dauernde Auseinandersetzung gewesen sei. Sehen Sie sich im Deutschen Theater Heines „Deutschland ein Wintermärchen" an, Sie werden das ganz unmittelbar dort finden. Im Theater ist die Eroberung des nationalen Erbes, der eigenen Geschichte, der eigenen Gegenwart ohne diese Auseinandersetzung undenkbar. Das Theater lebt von ihr.

Vielleicht enttäuscht es Sie, daß ich von eigenen Erfahrungen, z. B. als DDR-Regisseur in der BRD, nicht spreche. Ich habe in München Else Lasker-Schülers „Wupper" inszeniert, ein Stück, in dem es um diese Frage geht: es scheint dort eine große Hoffnung, daß Arbeiter und Bourgeois sich als Menschen treffen und vermischen könnten – und diese Hoffnung zerstört die große Realistin erbarmungslos. Zu meiner Überraschung hat die westdeutsche Kritik das nicht bemerkt, nur der eine DDR-Kritiker, der die Aufführung sah. Könnte es sein, daß wir hier nach wie vor über diese Fragen öfter und schmerzlicher nachdenken als die Menschen drüben?

Ich danke Ihnen nochmal für Ihre freundliche Einladung, grüße Sie und wünsche Ihnen für Ihre Tagung viel Erfolg.

Adolf Dresen

Adolf Dresen

„MIR BLIEB DAS WEDER-NOCH"

Brief an Hans Mayer[175]

23. 8. 1987

Lieber Herr Professor Mayer,

als Ihr Brief vom 2. 5. in Hamburg ankam, war ich schon in Wien. Ich hatte gehofft, daß Dr. Drese Sie für einen Vortrag gewinnen könnte, oder doch für einen Besuch der Wozzeck-Premiere. Nun muß ich hoffen, Sie bei anderer Gelegenheit zu sehen – in Wien wäre es für mich auch fast unmöglich gewesen, zu einem ruhigen Gespräch zu kommen. Dabei hätte ich gern über Woyzeck-Wozzeck mit Ihnen gesprochen. Es ist doch sonderbar, daß nicht Büchner-Berg, sondern Büchner-Wagner Zeitgenossen waren. Sicher gibt es zwischen Berg und Musiker Wagner mehr Nähe als zwischen Büchner und Texter Wagner. Woyzeck war zu seiner Entstehungszeit sicher unvertonbar, die Musik wohl erst nach Schönberg soweit – ich glaube, durch den Verlust der Tonika, mit der sie ihr großes Wieder, ihr Zurück, ihr Nachhause verliert. Es kann kein Zufall sein, daß die Marie-Szenen die meisten tonalen Momente haben, ja daß das Nonplusultra der Tonalität, der C-Dur-Akkord, während der einzigen Begegnung Marie-Wozzeck liegenbleibt. Berg hat das Stück wohl gelesen als einen radikalen Verlust von Heimat, und die Musik macht die Heimatlosigkeit zur Unheimlichkeit. Ich hätte Sie gern zu einem Vortrag herausgefordert über diese Ungleichzeitigkeit der Woyzeck-Wozzeck. Vielleicht können Sie die Oper in Wien noch mal sehen. So wie die Wiener Philharmoniker das spielen, kann man es nirgends auf der Welt hören. Man hört dann plötzlich die ganze Wiener Tradition, die in Berg steckt, mit. –
　　Sie haben recht, Sie haben mir damals im Schwarzwald einen guten Rat gegeben. Was sich um den Faßbinder[176] herum abgespielt hat, war recht trübe. Nicht daß es sich um Antisemitismus gehandelt hätte. Solange ich in Frankfurt Direktor war, gab es einen gewissen Druck, dieses Stück zu spielen. Doch da ging es fast ausschließlich um den erhofften Skandal, ein erhofftes Verbot, dem dann ein großes Geschrei wegen Zensur gefolgt wäre, oder doch um eine von einem Eklat

begleitete Aufführung, die das Theater aus dem Feuilleton auf die erste Seite gebracht hätte, so daß man hätte meinen können, es sei wichtig oder habe noch etwas mit dem Leben zu tun. Hauptsache Aufsehen – das wußte schon Faßbinder und hat darauf spekuliert. Ich habe dieses Stück, auch durch unser Gespräch, verweigert – aber nicht, weil ich es für antisemitisch, sondern weil ich es bloß für schlecht hielt und weil mich die Spekulation auf den Skandal anwiderte. Am Schluß wurde dann der Druck ziemlich stark, und zwar von beiden Seiten, den Befürwortern, meist zu finden in der Frankfurter „Linken", und den Ablehnern, vor allem den Sprechern der Jüdischen Gemeinde. Ehrlich gesagt, mochte ich mich weder mit den einen noch mit den andern identifizieren, es war eine schiefe Front, eine falsche Alternative – wie so vieles in Westdeutschland, wo alles zur Polarisierung neigt, wo „Maß" und „Mitte" sich höchstens zum Mittelmaß addieren. Das Stück hat schließlich nach meinem Weggang genau das Aufsehen bekommen, das es nicht verdient hat, und genau aus den Gründen, auf die es spekuliert hat. Im Grunde bin ich aus einer Summe solcher Gründe aus Frankfurt weggegangen, ja habe mit dem Schauspieldirektor meinen Beruf an den Nagel gehängt – ich inszeniere seither nur noch Opern. Schiefe Fronten, falsche Alternativen, Entscheidungen nur noch zwischen Nein und Nein – mir war da zum Schluß noch mieser zumute als vor meinem Weggang aus der DDR. Dort weglaufen, hier weglaufen – auch diese beiden Deutschländer erschienen mir endlich als falsche Alternativen, und mir blieb das Weder-Noch. Die Oper bietet mir die Möglichkeit, auch im Ausland, z. B. in Brüssel, zu arbeiten.

Das Theater der Bundesrepublik ist nach dem Verebben der achtundsechziger Welle, glaube ich, so ziemlich kaputt. Ich sah einmal Grübers „Winterreise" im Olympiastadion, im Winter, abends um 10. Eine kleine Schar, ich schätze 250, mehr waren wohl gar nicht zugelassen. Man hockte da und fror, man verstand nichts. Aber da war eine sonderbare Suggestion. Man saß in diesem riesigen Stadion, in dem die 100 000 nicht gekommen waren. Man fühlte sich als verlorenes Häuflein. All diese Nicht-Gekommenen konnte man ganz passend mit diesem Nazistadion identifizieren. Und da saßen die wenigen denn da mit einem seltsamen Glanz in den Augen – Eingeweihte, Verfolgte, Verlorene. Das Feindbild war klar, und so wußte man denn wenigstens, wer man nicht war – diese ganze kompakte, nichtanwesende Majorität. Die Veranstaltung hatte einen quasireligiösen Charakter. Sie diente zur Herstellung dessen, woran es in Deutschland wohl vorwiegend mangelt, von Identität. Ich konnte an dem Abend nicht unterlassen, die Momente der höheren Weihe durch ein paar blöde Witze zu stören. Es war, wie wenn man beim Fußball für die andern ist. Der Feind hatte sich plötzlich gezeigt. Gerettet hat mich vermutlich Volker Braun, der zufällig anwesend war und der psst! machte. – Avantgarde, Skandal und Langeweile sind hier sehr wohl vereinbar. Ja, wenn etwas unterhaltend ist, sind sie hier schon fast von der Niveaulosigkeit überzeugt – altes deutsches Erbe, glaube ich. Kultur war hier immer etwas „Hohes", war immer von oben nach unten, wurde einem irgendwie immer „gebracht", war immer schnell Teil der Repression, der „Einschüchterung", ob nun durch Klassizität oder durch Modernität. Das Theater weiß nicht mehr, wo Gott wohnt. Einst sah es sich einem Publikum gegenüber. Jetzt ist da die heilige Dreiuneinigkeit von Publikum, Presse, Politikern. Das Publikum ist gewiß nicht mehr, was es vor langer Zeit war – „Publikumsgeschmack" zu Recht diskreditiert. Die falsche Alternative ist dann ohne oder gegen das Publikum, in Deutschland ermöglicht durch die Subventionierung. Der Geldgeber tritt da auf als ein gewissermaßen allgemeines, sozusagen ideales Publikum, damit die Kunst von dem besonderen, miserablen nicht abhänge. Dahinter steht die „hohe" Kunst, die nicht unterhält, für die man folglich nicht bezahlt, für die man vielmehr bezahlt wird, da sie einen strapaziert. Als die Geldgeber fungieren die Politiker – aber wie weit sind sie von einem Maecenas entfernt. Der war doch selbst wenigstens Liebhaber, hatte eine Meinung. Er bezahlte, was ihm gefiel – und da ihm das Richtige gefiel, „sei der Zöllner auch bedankt".[177] Hier fehlt die Meinung, oft auch das Interesse. Auf einem Forum mit SPD-Politikern erfuhr ich, sie hätten lediglich die Bedingungen zu schaffen, außerdem dürften sie ja wegen des Zensurparagraphen der Verfassung keine eigene Meinung haben, mindestens nicht äußern, jedenfalls nicht als Politiker. Die „Intendantenfindungskommissionen" urteilen nach der Presse, das Publikum ist ja nicht überregional. Und wonach urteilt die Presse? Normen gibt es nicht, wir haben ja die nicht-normative Ästhetik. Seit man weiß, daß die Genies nicht-normativ sind, gilt nur der Normbruch überhaupt noch als Kunst. Unglücklicherweise kann man nun die Genies von den Dilettanten nicht mehr unterscheiden, und so deklariert man ihre Identität. Es zählt nur noch das Neue, und wenn es sich in Kürze auch als das Uralte herausstellt, als die neue Mode, die ja immer schon von gestern ist. Das paßt gut zum Novitätenhandel, zum Sensationsverkauf der Zeitungen. Nirgends ist die Differenz zwischen Presse und Publikum so groß wie in Deutschland. Kein Volk ist so sehr durch Fachleute einzuschüchtern, ist so bereit, Kaisers neue Kleider zu sehen. Sie laufen jedem nach, von dem sie glauben können, daß er an sich glaubt. –

Eigentlich wollte ich nur Ihren Brief beantworten und Ihnen vor allem schreiben, daß ich auch sehr wünsche, mich in Ruhe wieder mit Ihnen unterhalten zu können. Beruflich bin ich ganz schön hin- und hergehetzt, jetzt wieder auf dem Sprung nach Brüssel, „Jenufa". Man hat mich ein wenig zum Spezialisten für slawische Opern gestempelt, aus keinem anderen Grund, als weil ich aus dem Osten komme und auf der Schule Russisch hatte. Darf ich Sie anrufen, wenn ich in Ihre Gegend komme? Ich hoffe, daß das bald sein wird.

Ihr Adolf Dresen

Erinnerungen

Friedrich Dieckmann

SAINT-JUST ODER
L'ESPRIT DE LA RÉVOLUTION

Beim Wiederfinden alter Papiere

Ich suche lange, dann finde ich die Mappe, eine jener fabelhaft zweck-
mäßigen DIN-A4-Einlegemappen mit dem Aufdruck EVP 0,28 Mark,
die mich jahrzehntelang durch DDR-Zeiten begleitet haben; sie liegt
an genau der Stelle, wo ich sie 1977 oder '78 abgelegt habe, nur daß
der Stapel seither beträchtlich angewachsen ist. *Dresen-Reden* steht
auf den Deckel geschrieben; tatsächlich liegt im Innern ein mit dem
Datum des 10. September 1974 versehenes Typoskript von Adolf Dresen, das *Disk. im Th. Verband zum 25. Jahrestag* betitelt ist, so eng-
zeilig und randlos beschrieben, wie dieser Autor immer verfuhr. Als
ich ihn einmal auf die damit verbundene Lese-Erschwerung hinwies,
meinte er, der Blattwechsel bereite ihm immer eine so spürbare Stö-
rung bei der Niederschrift, also der Entwicklung seiner Gedanken,
daß er bemüht sei, ihn so selten wie möglich eintreten zu lassen. Was
dabei herauskam, war etwas wie eine Kassiber-Typographie.

   Ich habe diesen für die Festveranstaltung des Theaterverbands
zum 25. Jahrestag der DDR-Gründung bestimmten Rede-Entwurf
dann auf meiner eigenen Schreibmaschine ins Reine geschrieben, mit
Durchschlägen auf einem dünnen, grünlichen Papier, das die seither
vergangenen Jahrzehnte bemerkenswert gut überstanden hat. „Wir
alle", setzt diese nicht gehaltene Rede an, „haben das dumpfe Gefühl
von Niedergang oder Krise […] Daß es nicht *mehr* ist als ein dumpfes Gefühl, liegt vielleicht daran, daß wir mittlerweile schon gar kein
Vokabular mehr haben, etwas andres als Positives überhaupt auszudrücken. Oder auch, weil der Niedergang der Kritik, die ihn registrieren müßte, völlig adäquat ist. Das Bier ist kein Bier mehr, was
dadurch ausgeglichen wird, daß die Zigarre keine Zigarre mehr ist."

Am Ende der Rede kommt Dresen, damals einer der wichtigsten Regisseure des Deutschen Theaters in Berlin-Mitte, der Hauptstadt der DDR, auf die Lage der Dramatik zu sprechen und will nicht mißverstanden werden: „Damit Sie mich nicht falsch verstehen, ich meine nicht Tabus brechen. Tabus sind Wahrheiten, die zwar nicht gesagt werden, aber bekannt sind. Ich meine *Erkennen* der Wahrheit, wie in dem in Ihrem Material zitierten Brechtsatz. Wer es mit dem Realismus ernst meint, muß Auseinandersetzung mit der Wirklichkeit, ihre Entdeckung meinen, unabhängig zunächst von jeder These oder Meinung *über* diese Wirklichkeit [...] Und dann kommen unsre gelehrten Herren und fordern den großen Gegenstand. Was sie damit meinen, wissen sie vermutlich selber nicht. Erreichen tun sie damit die Mißachtung des Kleinen, das im Alltag versteckt liegt und womit jede neue Wahrheit beginnt. Es gibt nur einen großen Gegenstand, das ist der Mensch in all seinen Verhältnissen."

Auch der andere Text, den die Mappe enthält (er war es, nach dem ich gesucht hatte), ist in erstaunlich gutem Erhaltungszustand; auf ein gelbliches Durchschlagspapier geschrieben, ist auch er nach so vielen Jahren durchaus unverwittert. Frau Kronacher, eine verwitwete Dame im Rentnerstand, die in ihrer Wohnung im Stadtbezirk Friedrichshain ein aus ihr selbst bestehendes Schreibbüro unterhielt und auf komplizierte Texte trainiert war (sie war vor allem für marxistisch-leninistische Philosophieprofessoren tätig), hat ihn mit ihrer mechanischen Schreibmaschine normgerecht und mit maximaler Durchschlagszahl geschrieben; fünf lesbare Kopien holte sie ohne weiteres heraus. Es sind siebenundsechzig Seiten ohne Autor- und Zeitangabe; beides fehlte auch auf der Vorlage, einem wiederum einzeilig-eng beschriebenen Typoskript Adolf Dresens, dessen Überschrift harmlos scheinen mochte. „Zur Kritik der Marxschen Ökonomie" lautete sie, und dem Kenner war der Anklang deutlich. Der zentrale Essay, mit dem der sechsundzwanzigjährige Karl Marx sich 1844 von Hegel abgelöst hatte, erschienen in den von Arnold Ruge in Paris herausgegebenen *Deutsch-Französischen Jahrbüchern*, war „Zur Kritik der Hegelschen Rechtsphilosophie" überschrieben. 1857 war „Zur Kritik der Politischen Ökonomie" gefolgt.

Seit der Manuskript-Reinschrift meines Buches über den Bühnenbildner Karl von Appen und dessen Arbeit am Berliner Ensemble (der Text war 1969 fertig geworden, hatte aber erst nach Ulbrichts Sturz in Druck gehen können) hatte Frau Kronacher alle meine größeren Skripte ins Reine geschrieben, zu dem glimpflichen, obschon nicht unerheblichen Preis von 1,10 Mark pro Seite und mit einer Akribie, der kaum jemals ein Lese- oder Schreibfehler unterlief. Ich hatte Dresens Arbeit am Deutschen Theater seit den fulminanten O'Casey-Einaktern, mit denen dieser Regisseur – und an seiner Seite der Bühnenbildner Achim Freyer – 1965 in Berlin zutage getreten war, angelegentlich verfolgt (sie bildete ein kongeniales Gegengewicht zu der gleichzeitigen Inszenierungsarbeit Benno Bessons an dieser Bühne); persönlich kennengelernt habe ich ihn, so scheint mir, erst Ende 1971, als er mit Achim Freyer in den Kammerspielen „Clavigo" inszenierte. Ich sah die Generalprobe der eminenten, in dunkle, beblümte Tücher und Gewänder gehüllten Aufführung und hörte dann von dem Skandal, den sie in der Premiere gemacht hatte. Die Alternativfassung, zu der Dresen sich unter dem Druck des Intendanten Perten verstand, blieb weit dahinter zurück.

Ob ihm im Herbst 1968 meine Kritik seiner „Faust"-Inszenierung gefallen hatte („Theater der Zeit" druckte sie, zur Vorsicht gestimmt, in der Form eines Leserbriefs ab[178]), habe ich ihn nie gefragt; die interne Atmosphäre war nach der Premiere so aufgeheizt, daß jede Kritik, die diesen Namen verdiente, dem Theater beschwerlich fallen mußte. Unser erstes intensives Gespräch hat wohl erst im Sommer 1975 stattgefunden, nachdem ich ihm einen langen, angelegentlichen Brief über seinen Kleist-Abend geschrieben hatte, der „Prinz Friedrich von Homburg" mit dem „Zerbrochnen Krug" gekoppelt und beide Stücke stark verkürzt hatte. Ich selbst hatte Mitte der sechziger Jahre für den Regisseur Kurt Veth ein dramaturgisches Konzept zum „Prinzen Friedrich" entworfen, das unter Lukács' Verdikt stehende und durch seinen nazistischen Mißbrauch diskreditierte Stück, zu dessen Aufführung am Maxim-Gorki-Theater es damals nicht gekommen war. Ein gemeinsamer, Anfang der achtziger Jahre in meine Wohnnähe ziehender Freund, Maik Hamburger, war später häufig der Dritte in einer Gesprächsrunde, die sich noch viele Jahre auf dem Siez-Fuß erhielt; erst, als wir uns Anfang der neunziger Jahre wiedersahen, haben Dresen und ich ihn hinter uns gelassen.

Im Lauf des Jahres 1976, noch vor meinem Ausscheiden aus der Dramaturgie des Berliner Ensembles am 30. September dieses Jahres (ich war dort viereinhalb Jahre Dramaturg gewesen und hatte im Frühjahr 1975 mit der skandalumwitterten „Fräulein Julie"-Inszenierung zweier Freunde, B. K. Tragelehn und Einar Schleef, zu tun gehabt), gab Adolf Dresen mir seine Marx-Kritik zu lesen, und ich erbot mich, nicht zuletzt zur eigenen Bequemlichkeit, nämlich um seinen Text leichter lesen zu können, das kompreß geschriebene Skript von der trefflichen Frau K. ins Reine schreiben zu lassen; die Durchschläge sollten qualifizierten Interessenten als eine Diskussionsgrundlage an die Hand gegeben werden. Am 24. September 1976, entnehme ich meinem Taschenkalender, konnte ich die Abschrift abholen, wenige Wochen vor der Biermann-Ausbürgerung, die sich Ende November nach der von Stephan Hermlin inaugurierten Schriftsteller-Resolution zu einer Staatskrise auswuchs, in deren von westlichen Medien befördertem Verlauf es der Partei-Orthodoxie gelang, einen Großteil der innerparteilichen Kultur-Opposition auszuschalten. Dresens Text, der auf jahrelangen Vorarbeiten beruhte[179], war im Sommer 1976 fertig geworden, atmosphärisch begünstigt von jener Konferenz der neunundzwanzig Arbeiterparteien in DDR-Berlin, auf der der sogenannte Eurokommunismus programmatisch auf den Plan getreten war. Noch war jene kulturpolitische Lockerung in Kraft, mit der der ZK-Sekretär Kurt Hager 1972 die Ulbrichtsche Repressionspolitik revidiert hatte, für eine Kunst „ohne Tabus" eintretend, falls sie nur auf dem Boden des Sozialismus stünde. Rückschläge waren allerdings bereits spürbar, und sie kamen, wie sich schon 1975 am Berliner Ensemble zeigte, nicht nur aus den Provinz-Apparaten, als Druck der unteren auf die obere Funktionärsschicht. Diese selbst war durch die neuesten Entwicklungen, nicht zuletzt durch die drei Körbe der KSZE (Konferenz für Sicherheit und Zusammenarbeit in Europa), stark verunsichert.

Dresens Text (ich glaube, erst in der Reinschrift las ich ihn ganz) erwies sich als eine überaus gründliche Untersuchung der Marxschen Kapitalismus-Theorie „im Lichte unserer Erfahrung" (so hatte Thomas Mann 1947 seinen Nietzsche-Essay überschrieben), dessen also, was seit Marx – und vor allem seit dem Ende des Zweiten Weltkriegs – aus dem Kapitalismus geworden war. Die Diskrepanz zwischen theoretischer Bestimmung und realer Entwicklung in Betracht ziehend, wies sie auf, was der Autor des „Kapitals" übersehen oder geringgeschätzt hatte, nämlich die implizite Wandlungs- und Erneuerungsfähigkeit der kapitalistisch betriebenen Wirtschaft kraft des Konkurrenzprinzips, die durch die aktive Konkurrenz der Privateigentümer bewirkte ständige innere Revolutionierung des Produktionsprozesses. Frau Kronacher, die den Autor des Textes nicht kannte, war die Integrität in Person; daß sie Unbefugten Einblick in das Skript gab, war vollkommen ausgeschlossen. Dieses Vertrauen war gerechtfertigt, dennoch komme ich mir im Rückblick leichtsinnig vor, gerade auch im Blick auf Frau K. selber, deren Namen die Sicherheitsorgane glücklicherweise niemals herausbekommen haben – ein Zeichen, wie imperfekt dieser Apparat bei aller Betriebsamkeit war. Er mochte durch den Hinweis eines seiner Zuträger abgelenkt worden sein, ich hätte alles auf meiner eigenen Schreibmaschine geschrieben. Ein anderer V-Mann, den das Ministerium für Staatssicherheit auf mich ansetzte, hatte Frau K. fälschlich als Sekretärin Werner Mittenzweis identifiziert.

Adolf Dresen ergriff die Möglichkeit privater Vervielfältigung um so lieber, als er nicht die Absicht hatte, seinen Text zu veröffentlichen, was nur im Westen möglich gewesen wäre. Er wollte ihn im kleinen Kreis zur Diskussion stellen und ermunterte mich dazu, ihn einem Dramaturgiekollegen aus dem Berliner Ensemble, Hans-Diether Meves, an die Hand zu geben; kritikfreudig, ja kritikbegierig, wie er war, erhoffte er sich Anregungen für die Weiterarbeit. Nach der kühnen inszenatorischen Auslegung der Strindbergschen „Julie" im Frühjahr 1975 war das Berliner Ensemble in eine von zwei Obrigkeiten, der kulturpolitischen des SED-Apparats und der privatrechtlichen der Berliner Brecht-Erbin, verhängte Existenzkrise, mit Blockierung aller Spielplanvorhaben, geraten. Anders als diese Bühne im Ganzen, deren von Ruth Berghaus unternommener Pjerestroika-Versuch dem Brecht-Weigel-Erbe gegenüber Ende 1975 für gescheitert gelten mußte (das Ensemble hat sich nie wieder davon erholt), schien mir die Dramaturgie des Hauses ein intakter Corpus, einig im Widerstand gegen die die Intendantin bedrängenden Pressionen zweier übermächtiger Gegner.

Die Dramaturgie-Abteilung hatte an Geschlossenheit gewonnen, nachdem die Intendantin Hans-Jochen Irmer zum Chefdramaturgen berufen hatte, den aus Dresden stammenden Germanisten, der, wie Ruth Berghaus selbst und viele ihrer Mitarbeiter, auf dem Gebiet der Oper nicht minder beschlagen war als auf dem des Schauspiels. Die beiden festangestellten Theaterdichter, Karl Mickel, der zugleich Leitungsmitglied war, und Heiner Müller, den die Intendantin 1973 nach der von ihr selbst inszenierten „Zement"-Uraufführung fest angestellt hatte, gehörten der Dramaturgie-Abteilung nur pro forma an und nahmen an der täglichen Arbeit nicht teil, anders als „der Mann von draußen" (so hieß ein von Adolf Dresen am Deutschen Theater inszeniertes sowjetisches Gegenwartsstück), welcher 1974 oder '75 zu uns gestoßen war, ein Nomenklatur-Kader, der – so hieß es – über seinen Einsatz für Heiner Müller gestrauchelt war.

Als Generalintendant der Magdeburger Bühnen hatte der vierzigjährige Hans-Diether Meves die kulturpolitische Öffnung, die 1971 auf Honeckers Machtantritt gefolgt war und das Schaffen Heiner Müllers von dem Bann befreit hatte, mit dem das ZK-Plenum von Dezember 1965 den Autor des „Bau" belegt hatte, dazu nutzen wollen, dessen „Mauser"-Stück in eigener Inszenierung zur Uraufführung zu bringen, im Rahmen von „Tagen der sowjetischen Theaterkunst"; zuvor hatte er Volker Brauns lange verbotenes Stück „Die Kipper" auf seine Bühne gebracht. Mauser war der Name einer in Deutschland gefertigten und weltweit – auch und gerade in der frühen Sowjetunion – verbreiteten Selbstladepistole[180], die Wladimir Majakowski in seinem „Linken Marsch" besungen hatte: „Du hast das Wort, rede / Genosse Mauser!" Müllers an Brechts Lehrstücke angelehnter Text stammte von 1970 und war eine tiefdringende theatralische Analyse des bolschewistischen Terrors nach der Oktoberrevolution. Zuerst genehmigt, war „Mauser" mitten in der Probenphase durch den Magdeburger Oberbürgermeister im Auftrag der SED-Bezirksleitung gestoppt worden, und der Regisseur/Intendant, der dieser Bezirksleitung selbst angehörte, hatte sich dem Verdikt nicht gefügt; er war, als es ihm nicht gelungen war, die Gegner der Aufführung zu überzeugen, von seinem Amt zurückgetreten und entlassen worden.[181] Von soviel Mannhaftigkeit eingenommen, hatte Ruth Berghaus ihn aus dieser Lage befreit und der Dramaturgie ihres Theaters zugeordnet, in die er sich kollegial einfügte – ein Mann von fast militärisch wirkender Straffheit, nicht eben musisch angehaucht (er hatte in Berlin vormals als Regisseur nicht reüssiert), aber, so schien es, vollkommen integer, ein Kollege von Haltung und kritischer Souveränität.

Was ihm in Magdeburg widerfahren war, war offenbar eine feingesponnene Machenschaft gewesen, um ihm die Aura des bestraften Müller-Vorkämpfers und damit ein vertrauensvolles Entree am Berliner Ensemble zu verschaffen. Meves war seit dem 12. August 1961 Mitarbeiter der HVA (Hauptverwaltung Aufklärung) des Ministeriums für Staatssicherheit; vermutlich im Zusammenhang mit den bevorstehenden Sicherungsmaßnahmen hatte man das achtundzwanzigjährige SED-Mitglied am Vorabend der Berliner Grenzverriegelung für diese Nebentätigkeit gewonnen. Auch der Tarnname, den er sich als Inoffizieller Mitarbeiter beilegte, deutet auf eine freiwillige Verpflichtung: als *IMS Saint-Just* (das S steht für „politisch-operative Durchdringung und Sicherung des Verantwortungsbereichs") fungiert er in den Akten der Geheimdienst-Behörde, die ihn 1970 dem Inlandsbereich zuordnete. Antoine Saint-Just, das war der gefürchtete Jüngling gewesen, der in der Kulminationsphase der Französischen Revolution den Wohlfahrtsausschuß dominiert hatte, jenes Zentralorgan der Revolutionsregierung, dem der Sicherheitsausschuß und das Revolutiontribunal unterstanden. 1791 war er mit einer Schrift über den „Esprit de la révolution" hervorgetreten: „Danach", schreibt der Große Meyer von 1897, „wollte er einen sozialistischen Staat gründen, in dem jedes persönliche Sonderleben unterdrückt wäre und der organisierte Gesamtwille der Gesellschaft unumschränkt herrschte". „Er war", fährt das wohlunterrichtete Lexikon fort, „ein ehrlicher, aber beschränkter und düsterer Fanatiker, der das Blut fließen ließ, weil er es für notwendig hielt." Zusammen mit seinem Freund Robespierre schickte der Konvent ihn 1794, am 10. Thermidor, auf das Schafott, das beide zuvor unablässig mit Opfern versorgt hatten.

Der Deckname spricht Bände und paßte gut zu dem Stück, das Meves hatte inszenieren wollen. Als er 1968 Intendant in Magdeburg wurde, war er schon sieben Jahre in den Diensten der Behörde; der Schluß ist zwingend, daß der Magdeburger Unfall dieses Theater-Saint-Just eine gut inszenierte Legenden-Komödie war. Mit seiner Absicht, „Mauser" aufzuführen, hatte der Theaterleiter den neuen Kurs kenntlich überspannt – undenkbar, daß dieses Stück, das die Terrormaschine der Tscheka aus der Innenansicht eines ihm exekutiv Verfallenen offenbarte[182], unter der Herrschaft der SED hätte zur Aufführung kommen können (immerhin konnte es 1988 im DDR-Berliner Henschelverlag gedruckt werden). Maik Hamburger, der die Vorgänge aus der Nähe wahrnahm, notierte, daß der die Absetzung verfügende Magdeburger Oberbürgermeister Meves angesichts seiner hartnäckigen Widersetzlichkeit unterderhand gefragt habe: „Ob er unter dem Druck irgendeines Geheimdienstes stehe?"[183] Er hatte die richtige Ahnung gehabt. Meves, der vormals am Deutschen Theater Regie geführt hatte, kehrte als Dramaturg des Berliner Ensembles in das hauptstädtische Theaterleben zurück.[184]

An der Integrität des heroischen Ex-Intendanten bestand für niemanden von uns ein Zweifel, obschon Müller und Tragelehn ihre eigenen Erfahrungen mit ihm gemacht hatten. Als Hauptreferent des Kulturministeriums hatte er Heiner Müller 1961 das Originalexemplar der als konterrevolutionär indizierten „Umsiedlerin" abgefordert, ihm dabei allerdings soviel Frist gegeben, daß Heiner und Inge Müller den Text in der Nacht hatten abschreiben und die Zweitschrift beiseitebringen können. Das eingeforderte Original – Heiner Müller hat es in seinen Erinnerungen berichtet[185] – wurde in diesem Ministerium Jahre später unter Anleitung des Vizeministers Bork einem privaten Autodafé überliefert. Erst in den neunziger Jahren erfuhr ich von dieser Geschichte, Müller und Tragelehn hatten sie mir damals vorenthalten. Des einstigen Intendanten standhaftes Magdeburger Verhalten zeugte ihnen von jener Wandlung vom parteigläubigen zum kritischen Marxisten, wie viele sie im Lauf der Zeit und der Erfahrungen vollzogen hatten. Mir selbst war sie insofern erspart geblieben, als ich, das erstere zu werden, weder Anlaß noch Neigung gehabt hatte.

Mit Dresens Einverständnis gab ich dem Dramaturgie-Kollegen Ende September 1976 Kenntnis von jenem marxkritischen Text, dessen Brisanz, wie mir die Wieder-Lektüre zeigt, sich nicht auf die ökonomische Theorie beschränkte; Meves leitete ihn an die Sicherheitsbehörde weiter.[186] In all seiner theoretischen Penibilität war Dresens Abhandlung eine Fundamentalabrechnung mit dem, was als Marxismus-Leninismus die ideologische Grundlage jener Partei bildete, die sich in der Verfassung von 1968 als führende festgeschrieben hatte. Daß die DDR, wie diese Verfassung festsetzte, „die politische Organisation der Werktätigen in Stadt und Land unter Führung der Arbeiterklasse und ihrer marxistisch-leninistischen Partei" sei, ließ sich, bösen Willen und entsprechende Strafgesetze vorausgesetzt, so auslegen, daß jede grundsätzliche Kritik am Marxismus-Leninismus zugleich ein Angriff auf die Grundlagen des Staates sei.

Tatsächlich wurde auf Grund der Denunziation des IMS Saint-Just im Oktober 1976 gegen den Autor des Skripts, Dresen, und dessen Vervielfältiger, Dieckmann, durch das Ministerium für Staatssicherheit ein operativer Vorgang, abgekürzt OV, wegen des Verdachts strafbarer Handlungen nach § 106 des Strafgesetzbuches angelegt; wir wurden wegen „Verbrechens gegen die DDR" ins Visier genommen. Die Observierungsmaßnahme mit dem sinnigen Namen „Schnittpunkt" (das Ziel, formulierte ein Aktenvermerk, könne nur „in der Zersetzung der Konzentration negativer Kulturschaffender" liegen) betraf den Vervielfältiger bis zum Jahre 1987 und saugte neue Nahrung aus den Attacken, die zwei professorale Geschichts-Funktionäre, Wolfgang Ruge und Kurt Pätzold, 1980 bzw. '81 aus anderem Anlaß in der Zeitschrift *Sinn und Form* gegen mich richteten.[187] Ende 1986 wurde die Observierung eingefroren; Gorbatschow hatte inzwischen das Steuerruder des Imperiums in seine reformfreudige Hand genommen. Adolf Dresen war 1977 durch seinen Weggang aus der DDR (über Basel war er ans Wiener Burgtheater gegangen) der unmittelbaren Überwachung entrückt und wurde, ebenso wie Maik Hamburger (beide blieben andernorts unter Beobachtung), aus dem „OV Schnittpunkt" herausgenommen; ich blieb allein übrig.

Dresen war bereits im Februar 1976 ins Visier des MfS geraten: durch einen abgefangenen Brief an seinen Leipziger Freund Helmut Warmbier, der eine zusammenfassende Darstellung von Rudolf Bahros „Kritik des real existierenden Sozialismus" mitsamt einer eingehenden Kritik dieser Arbeit enthielt, die er von Bahro erhalten hatte. Warmbier hatte bis 1974 als Philosophiedozent an der Leipziger Universität gearbeitet und war in diesem Jahr, so der MfS-Bericht, „auf Grund parteifeindlichen Auftretens aus der SED ausgeschlossen und von der Universität entfernt" worden; seitdem arbeite er „als Hilfsarbeiter in einer Leipziger privaten Kfz-Werkstatt". Warmbiers Post wurde überwacht, so war Dresens Sendung der Sicherheitsbehörde in die Hände gefallen; daraufhin hatte sie den IMS Saint-Just, der Dresen von seiner früheren Tätigkeit am Deutschen Theater kannte, beauftragt, Kontakt zu ihm herzustellen.

Zugleich wurde eine „Maßnahme", wie der Fachausdruck lautete, ins Werk gesetzt, die im Rückblick nachgerade komödische Züge hat. Außer Dresens Brief an Warmbier hatte die Behörde Briefe aus Leipzig abgefangen, die eine zehnseitige Erklärung zur Gründung einer DDR-Sektion der westdeutschen Gruppierung KPD/ML enthielten, deren Text zugleich im „Roten Morgen", dem Zentralorgan dieser KPD/Marxisten-Leninisten, publiziert worden war; das hatte die Sicherheitsbehörde aufs höchste alarmiert. Um festzustellen, ob Dresen mit diesen rätselhaften Vorgängen zu tun habe, war die Berliner Sicherheitsbehörde im September 1976, also nach der Lektüre des ihr von Meves zugetragenen Marx-Essays, auf den Einfall gekommen, in seinen Berliner Briefkasten einen fingierten Brief einzuwerfen, der ein Flugblatt dieser linksradikalen Organisation zusammen mit einer Einladung zur aktiven Mitarbeit und zu einem Treffen auf

Dresens Sommergrundstück enthielt. Es sollte beobachtet werden, wie Dresen sich verhielt; gäbe er den Brief bei den Behörden ab, könnte man ihn zu einer Befragung holen, tue er das nicht, wollte man ihn im Deutschen Theater befragen, mit dem Ziel, „Hilfe zu gewähren, um seine Person, als Genosse und bekannter Regisseur des Deutschen Theaters, vor feindlichen Angriffen zu schützen". Mit seiner Lebensgefährtin und späteren Frau fuhr Dresen tatsächlich auf sein Sommergrundstück, um die Abgesandten der westdeutschen Marxisten-Leninisten zu erwarten; als niemand kam, muß ihm klargeworden sein, daß das Ganze eine Finte war, um seiner habhaft zu werden. Fortan war er gewarnt (und deklarierte seinen marxkritischen Text gegenüber Meves, den er in einem Café zufällig traf, als eine Selbstverständigung ohne jeden wissenschaftlichen Anspruch). Zu der Vernehmung im Deutschen Theater ist es offenbar nicht gekommen.

Zwei andere Durchschläge des Skripts hatte Dresen an Barbara Honigmann und Maik Hamburger gegeben, der, durch die Verhaftung Warmbiers in helle Aufregung versetzt, sein Exemplar vernichtete; Meves gab das seine nicht wieder zurück. Der vom Staatssicherheitsministerium erwogene Prozeß wurde fallengelassen, um Meves nicht als Konfidenten bloßzustellen; Barbara Honigmann war, wie die MfS-Akte konstatiert, durch ihre Schwangerschaft vor der Verhaftung geschützt. Der Auftraggeber der Abschrift war dies als Mitglied des Internationalen P.E.N. (seiner DDR-Sektion), dessen Reputation eine reale Schutzfunktion bedeutete.

Mein Anteil an Dresens Marx-Kritik war bescheiden. Weder war ich, wie die IM mutmaßten (der andere Observator, Hans-Georg Simmgen, Regisseur auch er, hatte sich nach einem in Ruhla produzierten elektronischen Miniaturwecker den Agentennamen *Sumatic* beigelegt und operierte mit einem phantastischen Schuß Privatinfamie), des Autors Guru, Inspirator oder Hintermann gewesen, noch hatte Dresen, wie der IM Sumatic zu Protokoll gab, seine Texte in dem Hinterzimmer unserer Familienwohnung geschrieben. Immerhin: ich hatte die Verfünffachung des Textes übernommen, was als strafbare Handlung galt, anders als die bloße Verfasserschaft.[188] Die Gedanken waren auch in der DDR frei.

Den Text wiederlesend, wird mir deutlich, wie begrenzt meine Erinnerung an ihn war, die sich auf den ökonomischen Teil – die analytisch ambitionierte Kritik an der Mehrwert-Theorie – beschränkte. Dresen selbst ist es in gewisser Weise ähnlich ergangen; nur der erste

Teil des Skripts hat ihn weiter beschäftigt (vgl. den Brief an Rudolf Bahro, S. 98 ff. dieses Buches). Meine Observierungsakte enthält den inkriminierten Text nicht; in Dresens Akte findet er sich mit zahlreichen zusätzlichen Materialien, darunter zwei Einschätzungen von ganz verschiedenem Kaliber und einer Vorstufe, der das Freiheits-Kapitel fehlt. Dresens Großessay nimmt, Marx' Irrtümer aufweisend, keineswegs die Partei des Kapitalismus; das machte ihn aus der Perspektive der SED besonders gefährlich. Als ich im März 1978 im Auftrag der Akademie der Künste der DDR nach Bratislava und Prag reiste, um dort Bühnenbildausstellungen mit Arbeiten Karl von Appens zu betreuen (einige Monate vorher war Rudolf Bahro inhaftiert und einige Wochen vorher ein Berliner Freund unter dem Verdacht, dem „Spiegel" das Manifest einer innerparteilichen SED-Opposition zugestellt zu haben, von der Straße weg verhaftet worden), ging die Besorgnis des Sicherheitsministeriums so weit, daß Erich Mielke seinem Prager Ministerkollegen in russischer Sprache ein Telegramm sandte, das den tschechoslowakischen Geheimdienst um meine lückenlose Beobachtung ersuchte. Man rechnete damit, daß ich Adolf Dresen, der inzwischen in Wien wohnte, in Bratislava treffen und seine Schrift unter dortigen Oppositionellen austeilen würde. Stattdessen registrierten die Observanten, daß ich Bühnenbildentwürfe aufhing und gelegentlich einen Weinkeller aufsuchte. Ich hatte die konterrevolutionären Erwartungen, die man in mich gesetzt hatte, enttäuscht.

Maik Hamburger

DER FLEISCHERGANG NACH BRATISLAVA[189]

24. September 1977

Adolf Dresens Stimme trug weit, aber so weit, daß er von Wien aus mit uns in Ostdeutschland hätte diskutieren können, so weit trug sie nun wiederum nicht. Folglich mußte ein Treffen organisiert werden. Seine Meinung wurde gebraucht. Er stand im Zentrum unserer Debattierrunde, er hatte uns zur Lektüre jener Autoren angespornt, mit denen er sich gerade auseinandersetzte, Kant, Hegel, Einstein, Popper, Gadamer, Chargaff und natürlich immer wieder Karl Marx. Er bombardierte uns mit Manuskripten, prallvoll mit Gedanken zu diesen Autoren, und erbat sich qualifizierte Gespräche dazu. Widerspruch war ihm willkommen, aber Wehe, der eine oder der andere verriet durch lückenhafte Sachkenntnis, daß er wieder *zu faul zum Lesen* gewesen war! Ich glaube, Dresen war es auch, der mir die Schrift eines damals ungenannten Verfassers in die Hand drückte, die unter dem Titel „Zur Kritik des real existierenden Sozialismus" kursierte. Das war ein Text nach seinem Geschmack, eine Herausforderung, ein Denkangebot, über das wir uns Tage und Nächte lang die Köpfe heiß redeten.

Nun hielt sich Dresen mit offizieller DDR-Genehmigung weit weg in Wien auf, und wir wollten ihn sehen. Außerdem wollten wir mit ihm über die Verhaftung des unterdessen als Urheber jener Schrift bekannten Rudolf Bahro reden, über die er sicherlich Informationen besaß, die über das hinausgingen, was uns durch Buschfunk und ARD zugesickert war. Im Übrigen hatte er geheiratet. Ein Hochzeitsgeschenk war zu überreichen. Gefühlige Momente empfanden wir alle als durchaus peinlich, besonders Dresen hat vor derlei stets die Flucht ergriffen, aber darauf konnten wir keine Rücksicht nehmen. Man weiß schließlich, was sich gehört!

Es lag also mehr als ein Grund vor, uns zu einem Treffen zu verabreden. Wir einigten uns auf die Stadt Bratislava in der südlichen Slowakei. Näher kamen wir an Wien nicht heran vom Sozialismus aus. Wir ließen uns damit auf eine sechsstündige Autofahrt ein, während es von Wien aus für ihn nur ein Katzensprung war. Ein Zugeständnis an seinen neuen Status als Regisseur am Burgtheater, wo er seine erste Inszenierung probte und gewiss unter stärkeren Pressionen stand als unsereiner im gemütlichen Osten.

Am Vorabend unserer Reise trug mich die Bahn von Berlin nach Dresden, meinen Lada hatte ich auf einer freien Fläche am Ostbahnhof abgeparkt. Die Hochzeitsgabe, eine von Hand bemalte chinesische Porzellantasse, lag in Seidenpapier eingewickelt in meiner Aktentasche. Die Nacht verbrachte ich in Dresden bei Hannelore und Heinz Hacker. Heinz war wie immer zu heftigem Disput aufgelegt, und es brauchte einige Mühe, mich gegen Mitternacht von ihm loszueisen, damit ich vor dem geplanten Aufbruch in der Frühe noch etwas Schlaf bekäme. Die Weltprobleme würden wir in Bratislava lösen können …

Am Morgen holt uns unser zweiter Dresdner, Rolf Schälike, mit dem Auto ab. Es ist klar, daß er, der gestählte Bergsteiger und *iron man*, uns über die lange Strecke chauffieren wird. Wir versprechen, ihn unterwegs abzulösen, er winkt mit der Hand ab. Rolf ist ein Moskauer Straßenkind, was er sich vornimmt, zieht er auch durch.

Die erste Irritation tritt ein, als unser vierter Mann, Helmut Warmbier aus Leipzig, nicht am Treffpunkt erscheint. Es geht niemand an sein Telefon, obwohl Helga doch zuhause sein müsste. Ratlos warten wir eine Weile, entschließen uns aber irgendwann, ohne ihn abzufahren. Immerhin wollen heute mehrere hundert Kilometer zurückgelegt werden.

Der nächste Halt ist der Stau vor Zinnwald, dem Grenzübergang zur Tschechoslowakei. Wir reihen uns in die Autoschlange ein. Die DDR-Bürger, denen sonst nicht viel Ausland für eine Spritztour zur Verfügung steht, machen heftigen Gebrauch vom visafreien Verkehr ins *befreundete Bruderland*. Die Grenzformalitäten werden mit routinierter Laxheit gehandhabt, dennoch dauert es fast zwei Stunden, bis wir an der Reihe sind. Der Zollbeamte fordert uns auf, den Inhalt der Akten- und Hosentaschen auf dem Schalter abzulegen. Ein wenig überrascht, aber noch unbekümmert, tun wir es. Sind wohl in eine Stichkontrolle geraten. Pech gehabt! Na gut, denken wir, sollen sie doch die paar Westkröten einziehen, die sich bei Hacker in der Badehose und bei mir *zufällig* im Portemonnaie befinden. Falsch gedacht! Nicht das Westgeld, sondern die chinesische Tasse erweist sich als Stein des Anstoßes. Nach Prüfung unserer Socken und Seifendosen widmen sich die Fahnder ausschließlich diesem zierlichen, unschuldigen Trinkgefäß. Ein Kontrolleur dreht und wendet es in der Hand,

runzelt die Stirn, blickt bedeutungsvoll zum Nebenmann, der gleichfalls die Stirn runzelt, sie rufen einen weiteren Beamten herbei, der die
Stirn runzelt und den Kopf schüttelt. Man mustert meine Zollerklä-
rung, auf der die Tasse fehlt, als wolle man an ihr das Lesen erlernen.
Die Ausfuhr von Kunstgegenständen sei verboten, sagt einer in einem
leicht angewiderten Tonfall, als hätte er in seinem Salat einen Wurm
entdeckt. Das sollten wir doch eigentlich wissen. Außerdem seien in
meiner Geldbörse 10 nicht deklarierte US-Dollar gefunden worden,
ferner 10 Deutsche Mark und in Silberpapier eingewickelte Münzen
im Wert von 3,50 DM.

In Bezug auf das Westgeld zeige ich angemessene Reue, bestreite
aber die Einstufung des Porzellans als Kunstwerk. Mein Einwand
stößt auf taube Ohren. Ich biete an, die monierten Gegenstände
zurückzulassen, um unsere Reise fortsetzen zu können. Abgelehnt!
Wir hätten bis zur Klärung der Angelegenheit im Aufenthaltsraum
Platz zu nehmen, bitte.

Da sitzen wir nun zu dritt in einem Raum, der nach kaltem Rauch
und den Kunststoffbezügen der Stühle riecht: Rolf Schälike, Kom-
munistensohn, nach einer Kindheit im Hotel Lux in Moskau mit den
Eltern in die Sowjetische Zone zurückgekehrt, als Diplomphysiker
am renommierten Kernforschungsinstitut Rossendorf angestellt,
dortselbst bald Mittelpunkt eines politischen Skandals, Hinauswurf
aus der SED und der Arbeitsstelle *wegen parteischädigenden Verhaltens*, jetzt Russischdolmetscher und selbsternannter Berater für Wehr-
dienstverweigerer. Heinz Hacker, Dresens Freund aus der Schulzeit,
Diplomphysiker, der Schälikes Kollege im Forscherteam von Rossendorf war und aus den gleichen Gründen entlassen wurde, jetzt tätig
als Entwickler international gut verkäuflicher Computerhardware bei
Robotron, die er wegen fehlender Eignung zum *Reisekader* im Ausland nicht selber vorführen darf. Zwei hochqualifizierte Köpfe, brach
liegend. Drittens ich, West-Remigrant, der Ausbildung nach Physiker wie sie, aber frühzeitig zum Theater desertiert.

Und im Geiste sitzt der Vierte bei uns, Helmut Warmbier, dessen
gespenstische Abwesenheit uns immer bedrohlicher vorkommt. Auch
Warmbier hat die Erfahrung eines jähen Absturzes machen müssen.
Der Professor für Marxismus am hochkarätigen Franz-Mehring-
Institut der Leipziger Universität war eines Tages auf die Idee verfal-
len, seine Vorlesungen mit wissenschaftlichem Diskurs anstelle der
gemeinüblichen Lehrsätze auszuschmücken. Die Studentenschaft

nahm die Gabe dankbar an, der Hörsaal füllte sich von Stunde zu Stunde, es gab Gerüchte von einer Affäre mit einer verliebten Studentin ... Aus der Euphorie erwachend, fand er sich job- und parteilos wieder. Versuche, in die Operettenbranche zu wechseln – sein kraftvoller Tenor war schon im *Zentralen Volkskunstensemble* zur Geltung gekommen – scheiterten an seiner negativen *Kaderakte*. Das Füllhorn seiner Begabungen war über Nacht unbrauchbar geworden. Um den Lebensunterhalt seiner Familie zu bestreiten, ließ er sich als Autoschlosser ausbilden und repariert nun in einer *Autobude* die *Skodas* der unteren Funktionäre. Und fehlt hier.

Nach einer Weile tritt ein Zollkontrolleur herein, uns mitzuteilen, daß die Klärung der Sache noch einige Zeit in Anspruch nähme. Das ist betrüblich. Der Termin in Bratislava schwimmt uns davon. Ich schlage dem Beamten vor, meine Freunde weiterreisen zu lassen, es genüge doch, wenn ich als Betroffener hier bliebe. Nein, das ginge nicht. Nun verlange ich, den Objektleiter zu sprechen. Es vergeht wieder Zeit, schließlich werde ich in dessen Büro gebracht. Der Chef vom Dienst erklärt mir, es läge eine *Rechtsverletzung (Nichtvorführung zollpflichtiger Gegenstände)* vor, die einer Klärung bedürfe. Abermals biete ich an, alleine vor Ort zu bleiben, da es bei meinen Freunden keine Beanstandung gäbe. Nein, erwidert er, wir seien in einem Fahrzeug gekommen, demzufolge sei es erforderlich, daß wir alle hier blieben. Die Unlogik dieser Erklärung und der lehrerhafte Ton des Vortrags erregen meinen Widerspruch. Mir wird unterm Kragen heiß. Ich ignoriere den immer schärfer wiederholten Befehl, den Raum zu verlassen und mache hemmungslos meinem Ärger Luft, so daß wir uns bald gegenseitig mit Stentorstimme anschreien. Als mich zwei Beamte unsanft hinausexpedieren, wehre ich mich heftig. „Seht her, hier wird Gewalt angewendet", rufe ich in den Korridor. Der aufgrund des Lärmes herbeigeeilte Schälike sagt später, er habe noch eine Faust von hinter der Tür auf mein Gesicht zielen sehen. Gewalt vor Zeugen war für jeden DDR-Beamten ein Tabu, insofern ist mir durch Rolfs Anwesenheit womöglich eine blutige Nase erspart geblieben.

Eine Stunde später teilt man uns in aller Form mit, daß unsere Ausreise aufgrund der Zollfahndung und des Verhaltens des Bürgers Hamburger nicht gestattet wird. Schälike fragt, von wem diese Entscheidung getroffen wurde. Antwort: Das sei nicht von Bedeutung, wir befänden uns in einem militärischen Objekt und hätten jeder Anordnung folge zu leisten.

Wo wir uns beschweren könnten, fragt Schälike. – Wie jedem anderen DDR-Bürger steht uns der Weg über die Beschwerde offen. Wären wir nicht so angespannt gewesen, hätten wir über diese Belehrung grinsen müssen. Zwischen Kap Arkona und Suhl wird man schwerlich noch so einen eifrigen Beschwerdeführer finden wie Rolf. Gerade weil er sich – wie jeder von uns – grundsätzlich als Sozialist versteht, geht er mit der Hartnäckigkeit einer Bulldogge jedem Verstoß, jeder ihm bekannten Verletzung der *sozialistischen Demokratie* nach. Das macht ihn in Funktionärskreisen nicht gerade beliebt. Jetzt trägt er demonstrativ vor den Augen des Zöllners einige Sätze in sein Notizheft ein. Dann laufen wir ein wenig knieweich zu unserem Wagen. Die inkriminierte Tasse und das Westgeld dürfen wir mitnehmen.

Auf der Heimfahrt debattieren wir, immer wieder nach hinten schauend, ob es sinnvoll wäre, Dresen zu benachrichtigen. Vermutlich hat er seine Wohnung ohnehin schon längst verlassen. Andererseits können wir ihm einen Fleischergang ersparen, falls der Anruf doch glückt. Wir finden eine Durchwahlgelegenheit nach Wien und treffen den alten Schussel wahrhaftig noch zuhause an. Daß ihm weit mehr erspart geblieben ist, als nur ein unnützer Abstecher nach Bratislava, das erfahren wir erst viel später.

Unruhig kommen wir zu unserm Ausgangspunkt in Dresden zurück. Was ist mit Warmbier? Bei ihm muß der Schlüssel zum Erlebten zu finden sein. Also bleibt uns keine andere Wahl, als ihn zuhause in Leipzig aufzusuchen. Auf der Autobahn drückt Schälike, schmallippig und mit häufigen Blicken in den Rückspiegel, auf den Akzelerator. Es ist schon dunkel, als unser Auto vor Warmbiers Haus in der William-Zipperer-Strasse hält. Rolf geht hinein. Wenn er nicht binnen fünf Minuten wieder auftaucht, so die Abrede, kommen wir hinterher. Diese fünf Minuten dehnen sich mehr, als Einstein sich je hätte träumen lassen. Irgendwann leuchtet wieder Licht im Treppenhaus und wir sehen gigantische Umrisse auf der Glasscheibe. Aus der Tür tritt Schälike. Warmbier sei heute früh verhaftet und seine Wohnung durchsucht worden. Bücher und Manuskripte habe man mit mehreren Lastwagen abtransportiert. Helga Warmbier sei außer sich, erzähle irgendwas von Bahro.

Einen Moment sitzen wir still im Wagen. Die Wirklichkeit hat uns das Räuber-und-Gendarm-Spiel gründlich verdorben. Wir fahren ein paar Häuserblöcke weiter und halten an, um Benzin nachzufüllen. Als ich den Kanister an den Einfüllstutzen führe, zittern mir die Hände – so sagt es jedenfalls Schälike. Gut möglich, daß es so war.

Um eventuelle Verfolger abzulenken, trennen wir uns. Rolf setzt mich am Leipziger Hauptbahnhof ab. Ich erreiche den Bahnsteig genau in dem Moment, da ein Zug nach Berlin abgepfiffen wird. Ein Glücksfall! Ich mache einen Satz auf den letzten Wagen des bereits anfahrenden Zuges. Ich habe das gute Gefühl, daß nach mir niemand auf den Zug hätte springen können. Wegen einer Fahrkarte brauche ich mir keine Sorgen zu machen, denn als Verfolgter des Faschismus darf ich öffentliche Verkehrsmittel umsonst benutzen. In Berlin angekommen, halte ich die Augen offen und kann in der Unterführung zum Parkplatz tatsächlich zwei verdächtige Gestalten hinter mir ausmachen. Ich fange an zu rennen, sie auch, alle Vorsicht in den Wind schlagend. Das Klack-Klack ihrer Füße hallt im Tunnel wieder. Ich laufe zum Auto, sie verdrücken sich im Dunkel vor der Backsteinwand einer Kriegsruine. Ich sehe mich nun im Vorteil. Scheinwerfer einschalten, in einem Bogen fahren und mit Fernlicht die Mauer abstreifen. Jetzt habe ich sie im Lichtkegel! Ich nagle sie einige Sekunden fest, sie legen die Hand schützend vor die Augen.

Dann setze ich den Plan um, den ich mir auf der Bahnfahrt ausgedacht habe. Ich fahre nicht nachhause, sondern zu einer Wohnung im Prenzlauer Berg, in der eine Party stattfindet, zu der ich mit meiner Frau eingeladen bin. Ich mußte wegen der Reise absagen, aber Julia wird dort sein. Nun kann ich doch mitfeiern! Auf mein Klingeln öffnet sich die mit aufgenagelten Faserplatten restaurierte Tür der Altbauwohnung, und ich tauche in das gesellige Stimmgewirr ein. Niemand ahnt, wie sehr der warme Empfang dem späten Gast wohltut. Ich stürze einen Stolitschnaja herunter und betreibe *small talk* mit ungewohntem Eifer. Als die Gesellschaft im Begriff ist aufzubrechen, lade ich zu einer Nachfeier in unserer Wohnung in Baumschulenweg ein. Es sind immer welche bereit, der Nacht noch ein Quäntchen Lustbarkeit abzuquetschen. Zuhause angekommen, stelle ich Getränke hin und ziehe mich in mein Arbeitszimmer zurück, wo ich mich fieberhaft durch die Schreibmappen hindurch wühle. Da ist allerhand Verfängliches – vorwiegend von Dresen. Hm. Also. Arbeiten zur Relativitätstheorie. Zur Evolution. Zur Verifizierbarkeit von Hypothesen. Zu Goethes „Clavigo" … – das kann alles durchgehen. Der Aufsatz zum Totalitarismus … Hm … Aber hier: „Zehn Thesen zum Stalinismus" … Hm … „Die Antenne des Michael Kohlhaas" (der

Schreibwettbewerb damals während eines Urlaubs in Eggesin!) ...
Hm ... „Zur Kritik der Marxschen Ökonomie" ... Oje! Das muß weg,
und zwar schnell! Viele Jahre hat Dresen das Problem beschäftigt, ob
die offensichtlichen Verwerfungen im realen Sozialismus auf eine aus
dem Ruder gelaufene Praxis oder aber auf Unschlüssigkeiten in der
Marxschen Theorie selbst zurückzuführen sind. Seine Marx-Bände
sind mit Anstreichungen und Randkommentaren vollgekritzelt. Es
entstanden eben jene Schriften, Dutzende an der Zahl, die ich nun
schleunigst beiseite schaffen muß. Ich schließe mich mit dem *corpus
delicti* im Badezimmer ein. Ziemlich mühelos lässt sich das mehrheit-
lich dünne Durchschlagpapier in Schnipsel reißen. Diese aber durch
das Toilettenrohr hinunterzuspülen, erweist sich als echte Sisyphos-
arbeit. Unentwegt kommen die verfluchten Fetzen aus dem Orkus
wieder hoch. Das Nachstoßen mit der Fäkalienbürste hilft nur
bedingt. Lange, lange, braucht es, bis das letzte Papierstückchen vom
Wirbel verschluckt ist. Ich atme auf.

Das Wohnzimmer grenzt an das Badezimmer. Als die Gäste fort
sind, fragt mich meine Frau besorgt, wie es denn bloß zu dem schlim-
men Durchfall gekommen sei. Was das angeht, kann ich sie beruhi-
gen.

In der folgenden Woche parkten zwei Polizeiautos Tag und Nacht
vor unserem Haus. Einschüchterung, sagten wir uns. Mehr geschah
uns nicht. Helmut Warmbier, bei dem man Bahro-Texte vermutete,
aber nicht fand, weil sie im Kofferraum seines Trabant versteckt lagen,
wurde in Ermanglung echt belastenden Materials wegen sechs satiri-
scher Gedichte von eigener Hand, die er nachweislich seiner Frau und
dem Untermieter (also der Öffentlichkeit) vorgelesen hatte, zu einem
Jahr und fünf Monaten Haft verurteilt. Nach elf Monaten entließ man
ihn. Ob Schälikes Vorsprechen bei „Mischa" (dem mit der Familie
befreundeten Markus Wolf) zur frühzeitigen Haftentlassung beitrug,
lässt sich wohl nicht mehr feststellen. Ziemlich sicher ist aber, daß er
den Familienfreund mit seiner Bitte, er möge sich für den verhafteten
Warmbier verwenden, in eine höchst unangenehme Situation brachte, denn ausgerechnet er, der Chef des Auslandsgeheimdienstes, war
mit der Aufklärung der Bahro-Affäre beauftragt worden, hinter der
man internationale Machenschaften vermutete. Wolf war also mit den
Einzelheiten des Warmbierprozesses bestens vertraut und mußte
fürchten, durch Schälikes Antrag selbst hineingezogen zu werden.
Das könnte die Ursache einer Entgleisung sein, die für Schälike heute

noch, nach mehr als drei Jahrzehnten, unfassbar ist. Wolf fragte ihn scharf, ob er im Auftrag eines ausländischen Geheimdienstes komme, wenn dem so wäre, könne er ihn ganz anders erleben! In Rolfs Augen ein unverzeihlicher Verstoß gegen das Selbstverständnis der deutschen Nomenklatura! Sein Kommentar: *In unseren Kreisen war es Konsens, man ist nicht bedrohbar.*

Später verhaftete man Schälike, nachdem er einen Ausreiseantrag gestellt hatte, und verurteilte ihn fadenscheinig begründet zu sieben Jahren Gefängnis. Elf Monate saß er ein, dann wurde er kurz vor der feierlichen Eröffnung der neuen Dresdner Oper – einer grandiosen Rekonstruktion des alten Semperbaus, auf die sich Staat und Bürger einiges zugute tun durften – nach dem Westen abgeschoben. Schon beim Prozeß hatte ein lautstarkes Häuflein Angehöriger und Freunde am Eingang des Gerichtsaals für Ärger gesorgt, Rolfs Fall war in der Westpresse kommentiert worden, und man wollte offenbar jeden Anlaß vermeiden zu einer Protestkundgebung vor internationalen Gästen.

Nach dem Ende der DDR stieß Dresen bei der Sichtung seiner *Akten* auf ein merkwürdiges Dokument: Ein in russischer Sprache gehaltenes Amtshilfersuchen des Ministeriums für Staatssicherheit der DDR an den tschechischen Bruderdienst, worin die tschechischen Genossen gebeten werden, den DDR-Bürger Adolf Dresen bei seiner Einreise in die CSSR unverzüglich zu verhaften und an die DDR auszuliefern. Das hatten wir zu verhindern gewusst! Mit der Aktion an der Grenze hat sich die Sicherheit letztendlich selber *ins Knie gefickt.*

Die Jahre vergingen. Als ich Dresen endlich sein Hochzeitsgeschenk überreichen konnte, war es mit der Ehe schon aus.

Darum steht die Tasse jetzt bei Christine Schälike in der Vitrine.

27.4.2012

Editorische Nachbemerkung

Adolf Dresens Manuskript, ein einzeilig beschriebenes Typoskript, ist verschollen; es trug in Anlehnung an Marx' Schriften „Zur Kritik der Hegelschen Rechtsphilosophie" (1844) und „Zur Kritik der Politischen Ökonomie" (1859) die Überschrift „Zur Kritik der Marxschen Ökonomie". Der Haupttitel „Der Einzelne und das Ganze" ist eine Hinzufügung des Herausgebers. Adolf Dresen hat die ungemein sorgfältige Abschrift von Frau Martha Kronacher aus dem Jahr 1976 durch die Weitergabe von Durchschlägen an drei ausgewählte Leser autorisiert; zwei völlig gleichartige Durchschläge erhielten sich beim Herausgeber, der die Abschrift im Auftrag des Autors in die Wege geleitet hatte. Einer der Durchschläge wurde durch Hans-Diether Meves, damals Dramaturg am Berliner Ensemble, an die Organe des Ministeriums für Staatssicherheit gegeben, in deren Akten sich das Exemplar mit einer anonymen „Einschätzung" vorfand, die hier gleichfalls wiedergegeben ist.

Der Herausgeber hat die Quellenhinweise des Autors in Anmerkungen umgewandelt und, soweit im Rahmen dieser Ausgabe möglich, verifiziert; es erwies sich, daß Dresen, von gelegentlichen Flüchtigkeitsfehlern abgesehen, überaus sorgfältig zitiert hat. Verständnisfördernde Zusätze des Herausgebers sind in eckige Klammern gesetzt; in geschweiften Klammern stehen innerhalb von Zitaten Parenthesen des Autors. Zur Leseerleichterung eingefügte Absätze sind nicht eigens nachgewiesen; in seltenen Fällen wurden Semikola oder Punkte an die Stelle der originalen Kommata gesetzt. Die Anmerkungen des Herausgebers zu Dresens „Kritik" sind mit dem Zusatz F. D. versehen. Die den Kapitelüberschriften im Manuskript vorangestellten Buchstaben von a) bis f) wurden weggelassen.

Bei den in *Ergänzungen I und II* wiedergegebenen Texten wurde die Quelle jeweils in einer Anmerkung angegeben; auch alle andern Anmerkungen zu diesen Texten sind Ergänzungen des Herausgebers. Schreibirrtümer wurden korrigiert, fehlende Satzzeichen ergänzt, Abkürzungen in der Regel aufgelöst; auch hier wurden Einfügungen des Herausgebers durch eckige Klammern kenntlich gemacht.

Berlin-Treptow, den 1. Mai 2012   *Friedrich Dieckmann*

Adolf Dresen liest in seiner Wohnung in der Berliner Karl-Marx-Allee in seinem Buch „Wieviel Freiheit braucht die Kunst?" (2000), Foto Gisela Harich-Hamburger

Lebensdaten Adolf Dresen[190]

31.3.1935 Adolf Josef Fritz Dresen geboren in Eggesin, Vorpommern, als Sohn des Ingenieurs Adolf Dresen und seiner Frau Hedwig. Drei Schwestern. Vater vermißt seit den letzten Kriegstagen. Durch die Kirche frühe Berührung mit der Musik; Akkordeon-, später Klavierunterricht.

1944 Umsiedlung der Familie nach Hornburg bei Eisleben.

1946–1952 Klosterschule, später Goethe-Schule, bei Roßleben an der Unstrut. Relegiert.

1953 Abitur in Thale/Harz.

1953–1959 Germanistik-Studium an der Karl-Marx-Universität Leipzig. Staatsexamen bei Hans Mayer: „Die Entstehung der bürgerlichen Komödie in Leipzig". Laienspieler und Leiter der Studentenbühne. Inszenierung „Friede" von Aristophanes/Feuchtwanger.

1955–56 Transportarbeiter im VEB Bodenbearbeitungsgeräte Leipzig-Plagwitz.

1958 Inspizient/Assistent am Kreistheater Werdau, Sitz Crimmitschau. Auftritte mit einer Agitpropgruppe, vor allem als Sänger.

1959–1962 Regisseur an den Städtischen Bühnen Magdeburg.

1960 Arbeit an einem Meliorationsprojekt der FDJ in der Wische (Meseberg).

1962–1964 Regisseur in Greifswald. 1964 Shakespeares „Hamlet" (Übersetzung mit M. Hamburger), die Aufführung erregt Aufsehen, wird aber als politisch mißliebig schnell abgesetzt.

1963 Arbeit auf einem Bohrturm im Erdölkombinat Grimmen/Mecklenburg.

1964–1977 Regisseur am Deutschen Theater Berlin. Drei Einakter von O'Casey „Der Mond scheint auf Kylenamoe". 1968 zusammen mit Wolfgang Heinz „Faust I", die Aufführung wird ideologisch kritisiert und zensiert. DDR-Erstaufführung von Isaak Babels „Maria". Letzte Arbeit Kleists „Michael Kohlhaas" in eigener Dramatisierung (Januar 1977).

1967 Arbeit im Eisenhüttenkombinat Ost, Eisenhüttenstadt.

1974 Erste Gastinszenierung im Westen mit Else Lasker-Schülers „Die Wupper" an den Münchner Kammerspielen.

1977 Barlachs „Der arme Vetter" in Basel, Schweiz. Dresen kehrt nicht ans Deutsche Theater zurück, behält aber die DDR-Staatsbürgerschaft.

1977–1981 Regisseur am Burgtheater Wien. Goethes „Iphigenie", Gastspiele u. a. in Israel. Mit Lessings „Emilia Galotti" als erster Inszenierung des Burgtheaters zum Berliner Theatertreffen.

1979 Erste Opernarbeit an der Hamburgischen Staatsoper „Eugen Onegin".

1980 „Die Fledermaus" mit Schauspielern in Bochum.

1981–1985 Direktor von Schauspiel Frankfurt. Der Versuch eines deutschen Nationaltheaters scheitert, Dresen tritt als Direktor zurück.

1985 Neubeginn als freier Opernregisseur, vorwiegend im Ausland. Zahlreiche Arbeiten u. a. an der Hamburgischen Staatsoper, an der Brüsseler Oper unter Mortier, am Pariser Châtelet, an der Wiener Staatsoper (1992/93 Wagners „Ring des Nibelungen"), an der Royal Opera London.

1996 Am Burgtheater Wien Offenbachs „Orpheus in der Unterwelt" in eigener Bearbeitung mit Schauspielern.

In den 1990er Jahren verstärkt Reden zu Kultur und Gesellschaft, z. B. die Rede „Wieviel Freiheit braucht die Kunst?" vor der Sächsi-

schen Akademie der Künste (Leipzig 1996), die Festrede zu Brechts
100. Geburtstag im Berliner Ensemble 1998 (*Sinn und Form* Heft
5/1998), „Überschreitungen" für das Studium generale, Leipzig 1998,
„Die sanfte Stimme der Vernunft", Laudatio für Eduard Goldstücker
zur Verleihung des Lessing-Preises (Kamenz 1999), „Creating Events
/ Zu einer Pathologie des Kunstverstehens" für das Symposion der
Deutschen Literaturkonferenz, Leipzig 1999 (Neue Deutsche Litera-
tur Heft 4/1999), „Dämmerung der Moderne" zu den Schiller-Tagen,
Weimar 1999 (*Sinn und Form* Heft 6/1999), „Hans Wursts Ende und
Auferstehung – zur Leipziger Liaison von Literatur und Theater" zu
Gottscheds 300. Geburtstag in der Leipziger Alten Handelsbörse am
14. 2. 2000.

Seit 1993 Professor an der Opernklasse der Folkwang Hochschule
Essen-Werden.

11. Juli 2001 in Leipzig verstorben.

Auszeichnungen und Ehrungen

Kritikerpreis der Berliner Zeitung 1973 für „Juno und der Pfau", 1975,
für „Prinz von Homburg"/„Der zerbrochne Krug", 1988 für „Eugen
Onegin" an der Komischen Oper
1974 Banner der Arbeit
1989 Hessischer Kulturpreis (Laudatio Martin Schwab)
1994 Mitglied der Akademie der Künste Berlin-Brandenburg
1996 Mitglied des P.E.N. Zentrums Deutschland
2000 Mitglied der Sächsischen Akademie der Künste
2000 Preis des Internationalen Theaterinstituts (ITI)
2001 Lessing-Preis des Freistaates Sachsen (Laudatio Christoph Hein)
2002 Deutscher Kritikerpreis (postum)

Buchveröffentlichungen

Siegfrieds Vergessen / Kultur zwischen Konsens und Konflikt, Ch.
Links Verlag Berlin 1992 (2. Auflage 2011).

Dichter und Regisseure/Bemerkungen über das Regietheater. „Betreibt das Regietheater die Hinrichtung der Klassiker?", Antworten von Adolf Dresen und Thomas Zabka auf die Preisfrage der Deutschen Akademie für Sprache und Dichtung vom Jahr 1993: Wallstein Verlag Göttingen 1995.

Wieviel Freiheit braucht die Kunst? / Reden Briefe Verse Spiele 1964 bis 1999, herausgegeben von Maik Hamburger, mit einem Essay von Friedrich Dieckmann, Theater der Zeit / Literaturforum im Brecht-Haus Berlin 2000.

Die Leere zwischen den Sternen/ Geschichten, Gedichte und Träume, Archivblätter Nr. 20 der Akademie der Künste Berlin, Fürst & Iven Berlin 2010.

DVD- und CD-Veröffentlichungen

Astel-Paul und die anderen, CD-Mitschnitt des Volksliederabends 1975 im Deutschen Theater Berlin, Regie Adolf Dresen und Uwe Hilprecht, mit Margit Bendokat, Bärbel Bolle, Elsa Grube-Deister, Adolf Dresen, Dieter Franke, Uwe Hilprecht, Alexander Lang, Günter Sonnenberg, herausgegeben von Beate Rosch, Eulenspiegel Verlag Berlin 2010.

Wozzeck (Alban Berg), DVD-Aufnahme der Aufführung der Staatsoper Wien 1987, musikalische Leitung Claudio Abbado, Regie Adolf Dresen, Wozzeck: Franz Grundheber, Marie: Hildegard Behrens, Arthaus Musik 2010.

Fidelio (Ludwig van Beethoven), DVD-Aufnahme der Aufführung des Royal Opera House 1991, musikalische Leitung Christoph von Dohnányi, Regie Adolf Dresen, mit Gabriela Benacková, Marie McLaughlin, Josef Protschka, Arthaus Musik 2010.

Adolf Dresens künstlerischer Nachlaß befindet sich im Archiv der Akademie der Künste in Berlin.

Inszenierungsverzeichnis Schauspiel[191]

11.10.1957
Studentenbühne der Karl-Marx-Universität Leipzig
FRIEDE (Lion Feuchtwanger nach den ACHARNERN
von Aristophanes, in einer eigenen Bearbeitung)

14.12.1958
Kreis-Theater Werdau/Sitz Crimmitschau
DIE FESTSTELLUNG (Helmut Baierl)

11.3.1960
Bühnen der Stadt Magdeburg
DIE STUDENTENKOMÖDIE (Gustav von Wangenheim)

9.10.1960
Bühnen der Stadt Magdeburg
BETRAGEN UNGENÜGEND (Virgil Stoenescu/Octavian Sava)

9.2.1961
Theater der Altmark Stendal
SOMBRERO (Sergej Michalkow)

22.3.1961
Theater der Altmark Stendal
DER MÄDCHENKAUF (Plautus)

18.3.1962
Theater Zittau
HERR PUNTILA UND SEIN KNECHT MATTI (Bertolt Brecht)

1.7.1962
Bühnen der Stadt Magdeburg
DIE DREIGROSCHENOPER (Bertolt Brecht/Kurt Weill)

30.9.1962
Vereinigte Theater-Stralsund-Greifswald-Putbus, Bühne Greifswald

VIER TIERE BAUEN SICH EIN HAUS
(nach Samuil Marschaks DAS TIERHÄUSCHEN)

7.11.1962
Bühne Greifswald
HOHE WOGEN (Ignati Dworezki)

15.2.1963
Bühne Greifswald
DIE DREIGROSCHENOPER (ZWEIGROSCHENOPER)
(Bertolt Brecht/Kurt Weill)

8.5.1963
Bühne Greifswald
DIE NACHT NACH DEM MORD (M. G. Sauvajon)

6.11.1963
Bühne Greifswald
SCHWEYK IM ZWEITEN WELTKRIEG (Bertolt Brecht)

23.4.1964
Bühne Greifswald
DIE TRAGISCHE GESCHICHTE VON HAMLET
PRINZ VON DÄNEMARK (William Shakespeare)
Übers: M. Hamburger/A. Dresen

6.10.1965
Deutsches Theater Berlin Kammerspiele
DER MOND SCHEINT AUF KYLENAMOE (Sean O'Casey)
Übers: M. Hamburger/A. Dresen

17.9.1966/Neuinszenierung 1971
MASS FÜR MASS (William Shakespeare)
Übers: M. Hamburger/A. Dresen

30.9.1968
Deutsches Theater Berlin
FAUST I (Johann Wolfgang v. Goethe)
Regie: Adolf Dresen/Wolfgang Heinz

26.4.1970
Deutsches Theater Berlin Kammerspiele
DER LANGE WEG ZU LENIN (Helmut Baierl)

5.5.1970
Deutsches Theater Berlin Kammerspiele
MARIA (Isaak Babel)

7.12.1971/Neuinsz. 13.2.1972
Deutsches Theater Berlin Kammerspiele
CLAVIGO (Johann Wolfgang v. Goethe)

5.10.1972
Deutsches Theater Berlin Kammerspiele
JUNO UND DER PFAU (Sean O'Casey)

24.7.1973
Deutsches Theater Berlin Kammerspiele
DER MANN VON DRAUSSEN (Ignati Dworezki)
Regie: Adolf Dresen/Szenenleitung: Alexander Lang

17.2.1974
Münchner Kammerspiele
DIE WUPPER (Else Lasker-Schüler)

5.5.1975
Deutsches Theater Berlin/DT-Foyer
DICHTER IN PREUSSEN – Ein Abend für Heinrich v. Kleist
Regie: Barbara Honigmann/Adolf Dresen/Alexander Weigel

15.5.1975
Deutsches Theater Berlin
PRINZ FRIEDRICH VON HOMBURG/DER ZERBROCHNE
KRUG (Heinrich v. Kleist)

8.11.1975
Deutsches Theater Berlin
ASTEL-PAUL UND DIE ANDEREN

(Deutsche Volkslieder aus zwei Jahrtausenden)
Regie: Adolf Dresen/Uwe Hilprecht

20.1.1977
Deutsches Theater Berlin
MICHAEL KOHLHAAS (Adolf Dresen nach Heinrich v. Kleist)

4.5.1977
Theater Basel
DER ARME VETTER (Ernst Barlach)

18.10.1977
Burgtheater Wien, Akademietheater
IPHIGENIE AUF TAURIS (Johann Wolfgang v. Goethe)

22.4.1978
Burgtheater Wien, Akademietheater
DIE DREIGROSCHENOPER (Bertolt Brecht/Kurt Weill)

22.12.1978
Burgtheater Wien
EMILIA GALOTTI (Gotthold Ephraim Lessing)

11.5.1979
Burgtheater Wien, Akademietheater
EIN PUPPENHEIM (Henrik Ibsen)

1.12.1979
Burgtheater Wien, Akademietheater
SCHULE MIT CLOWNS (Friedrich Karl Wächter)

27.3.1980
Schauspielhaus Bochum
DIE FLEDERMAUS (Johann Strauß)

10.5.1980
Burgtheater Wien, Akademietheater
CLAVIGO (Johann Wolfgang von Goethe)

19.12.1980
Burgtheater Wien
MASS FÜR MASS (William Shakespeare)
Übers: M. Hamburger/A. Dresen

15.4.1981
Burgtheater Wien, Akademietheater
DIE KATZE AUF DEM HEISSEN BLECHDACH
(Tennessee Williams)

24.11.1981
Burgtheater Wien
BARBAREN (Maxim Gorki)

11.3.1982
Schauspiel Frankfurt
MINNA VON BARNHELM (Gotthold Ephraim Lessing)

11.9.1982
Schauspiel Frankfurt
AMPHITRYON (Heinrich v. Kleist)

19.3.1983
Schauspiel Frankfurt
WASSA SCHELESNOWA (Maxim Gorki)

17.12.1983
Schauspiel Frankfurt
IM DICKICHT DER STÄDTE (Bertolt Brecht)

15.6.1984
Schauspiel Frankfurt
ENDSTATION SEHNSUCHT (Tennessee Williams)

22.12.1984
Schauspiel Frankfurt
BASTARD ANGEL (Barrie Keeffe)

Inszenierungsverzeichnis Oper[192]

11.2.1979
Hamburg Staatsoper
EUGEN ONEGIN (Pjotr Tschaikowski)
Musikalische Leitung: Christoph von Dohnányi

20.9.1981
Hamburg Staatsoper
DIE FLORENTINISCHE TRAGÖDIE
(Dichtung Oscar Wilde; Musik Alexander Zemlinsky)
Musikalische Leitung: Gerd Albrecht
und:
DER GEBURTSTAG DER INFANTIN (DER ZWERG)
(nach Oscar Wilde; Musik Alexander Zemlinsky)
Musikalische Leitung: Gerd Albrecht

1.10.1985
London Royal Opera
DIE FLORENTINISCHE TRAGÖDIE
(Dichtung Oscar Wilde; Musik Alexander Zemlinsky)
Übersetzung: Edward Downes, Musikalische Leitung: Colin Davies
und:
DER GEBURTSTAG DER INFANTIN
(nach Oscar Wilde; Musik Alexander Zemlinsky)
Übersetzung: Edward Downes, Musikalische Leitung: Colin Davies

17.06.1986
Brüssel La Monnaie
BORIS GODUNOW (Modest Mussorgsky)
Musikalische Leitung: Michael Schönwandt

30.10.1986
Hamburg Staatsoper
DIE VERKAUFTE BRAUT (Bedřich Smetana)
Musikalische Leitung: Hans Zender

27.10.1987
Brüssel La Monnaie
JENUFA (Leoš Janáček)
Musikalische Leitung: Sylvain Cambreling

12.6. 1987
Wien Staatsoper
WOZZECK (Alban Berg)
Musikalische Leitung: Claudia Abbado

3.5.1988
Schwetzingen Festspiele
DER WALD
(Ralf Liebermann; nach der Komödie von Alexander N. Ostrowskij
Libretto Hélène Vida, Schwetzinger Fassung Adolf Dresen)
Musikalische Leitung: Zoltán Peskó

26.6.1988
Berlin Komische Oper
EUGEN ONEGIN (Pjotr Tschaikowski)
Musikalische Leitung: Rolf Reuter

7.1.1989
Frankfurt Oper
DER WALD (Rolf Liebermann)
(Fassung und Besetzung s. Schwetzingen, 3.5.1988)

31.3.1989
Brüssel La Monnaie
FIDELIO (Ludwig van Beethoven)
Musikalische Leitung: Hans Zender

18.6.1989
Stuttgart Staatsoper
DER FLIEGENDE HOLLÄNDER (Richard Wagner)
Musikalische Leitung: Garcia Navarro

22.6.1990
Antwerpen Vlaamse Opera
EUGEN ONEGIN (Pjotr Tschaikowski)

15.10.1990
Wien Volksoper
DIE FLORENTINISCHE TRAGÖDIE
(Dichtung von Oscar Wilde; Musik: Alexander Zemlinsky)
und:
DER GEBURTSTAG DER INFANTIN (DER ZWERG)
(nach Oscar Wilde; Musik: Alexander Zemlinsky)
Musikalische Leitung: Isaac Karabtchevsky

24.11.1990
London Royal Opera
FIDELIO (Ludwig van Beethoven)
Musikalische Leitung: Christoph von Dohnányi

27.9.1991
Paris Châtelet
LULU (Alban Berg)
Musikalische Leitung: Jeffrey Tate

28.9.1992
Paris Châtelet
EUGEN ONEGIN (Pjotr Tschaikowski)
Musikalische Leitung: Semyon Bychkov

Wien Staatsoper
DER RING DES NIBELUNGEN
14.10.1992
RHEINGOLD (Richard Wagner)
Musikalische Leitung: Christoph von Dohnányi
19.12.1992
DIE WALKÜRE (Richard Wagner)
Musikalische Leitung: Christoph von Dohnányi
14.3.1993
SIEGFRIED (Richard Wagner)
Musikalische Leitung: Antonio Pappano

17.5.1993
GÖTTERDÄMMERUNG (Richard Wagner)
Musikalische Leitung: Christoph von Dohnányi

24.9.1993
Paris Châtelet
DER ROSENKAVALIER (Richard Strauss)
Musikalische Leitung: Armin Jordan

6.11.1994
Antwerpen Vlaamse Opera
EUGEN ONEGIN (Pjotr Tschaikowski)
Musikalische Leitung: Stefan Soltesz

15.12.1994
Essen Folkwang-Hochschule
DIE BASSGEIGE (Arghyris Kounadis, Textfassung: Adolf Dresen)
Szenische Arbeit mit Studenten
Musikalische Leitung: Philip Engel

25.3.1995
Paris Châtelet
PETER GRIMES (Benjamin Britten)
Musikalische Leitung: Jeffrey Tate

1.6.1995
Bologna Teatro Communale
DER ROSENKAVALIER (Richard Strauss)
Musikalische Leitung: Christian Thielemann

15.6.1996
Burgtheater Wien
ORPHEUS IN DER UNTERWELT (Jacques Offenbach/Libretto
Adolf Dresen nach Crémieux und Halévy)
Musikalische Leitung: Peter Keuschnig

1.10.1995
Frankfurt/M. Oper
JENUFA (Leoš Janáček)
Musikalische Leitung: Guido J. Rumstadt

21.9.1996
Düsseldorf Deutsche Oper
DON GIOVANNI (Wolfgang Amadeus Mozart)
Musikalische Leitung: Zoltán Peskó

13.9.1997
Essen Aalto Theater
ARABELLA (Richard Strauss)
Musikalische Leitung: Stefan Soltesz

20.3.1999
Essen Aalto Theater
PETER GRIMES (Benjamin Britten)
Musikalische Leitung: Stefan Soltesz

25.3.2000
Düsseldorf Deutsche Oper
DER FLIEGENDE HOLLÄNDER (Richard Wagner)
Musikalische Leitung: Zoltán Peskó

Anmerkungen

1   Stefan Matuschek: Was ist „klassisch" am klassischen Schiller?, in: *Die Pforte*, Heft 10, Weimar 2010, S. 81.

2   In der Vorbemerkung zu dem Teilabdruck einer Vorfassung seiner Marx-Kritik (s. Seite 101 dieses Buches).

3   Dietmar Dath und Barbara Kirchner: Der Implex / Sozialer Fortschritt: Geschichte und Idee, Berlin 2012.

4   Aus: Wolfgang Pohrt, „Theorie des Gebrauchswerts", Berlin 1995, S. 8f. Bei Dath/ Kirchner (2012) auf S. 467.

5   Vgl. Friedrich Dieckmann: Die thermische Differenz / Aggregatzustände der Gesellschaft, in: F. D., „Temperatursprung / Deutsche Verhältnisse", Frankfurt am Main 1995, S. 200f.

6   Dietmar Dath und Barbara Kirchner (2012), a.a.O., S. 467.

7   Ernst Bloch: Subjekt-Objekt / Erläuterungen zu Hegel, Frankfurt am Main 1962, S. 518. Das bei Bloch noch ein Stück weiter, aber nicht ganz zu Ende geführte Hegel-Zitat wurde mit dem Abdruck in: Briefe von und an Hegel, Band II, ed. Johannes Hoffmeister, Hamburg 1953, S. 85f. verglichen.

8   Ebd., S. 519.

9   Ebd., S. 517.

10   Karl A. Wittfogel: Die orientalische Despotie / Eine vergleichende Untersuchung totaler Macht, Frankfurt am Main u. a. 1977. Da das 1957 in den USA erschienene Buch „Oriental Despotism" erst 1977 in deutscher Übersetzung erschien, ist es fraglich, ob Dresen es kannte.

11   Dresens Neigung, von Marx, dem Gegenstand seiner Kritik, ein Stilmittel zu übernehmen, das auch noch bei Nietzsche inflationiert, die – hier zum Kursivsatz gemilderte – Worthervorhebung durch Unterstreichung, ist hier der besseren Lesbarkeit halber eingeschränkt; der Haupttext behält sie in vollem Umfang bei.

12   Von dem „Imperium Nord" spricht Heleno Saña in seinem aufschlußreichen Buch „Die Zivilisation frißt ihre Kinder / Die abendländische Weltherrschaft und ihre Folgen" (Hamburg 1992).

13   Adolf Dresen: Wieviel Freiheit braucht die Kunst?, Berlin 2000, S. 307.

14   Ebd., S. 339.

15   Ebd., S. 136–142.

16   Der Abend hieß „Astel-Paul und die andern" und versammelte singend ein einzigartiges Ensemble; ein Mitschnitt ist 2010 beim Eulenspiegel Verlag Berlin erschienen.

17   Hannah Arendt: Totale Herrschaft, in: Hannah Ahrendt, „Elemente und Ursprünge totaler Herrschaft", München/Zürich 1986, S. 650.

18   Am 19. April 2011 auf dem Jahrestag des Willy-Brandt-Kreises. Vgl. Michael Schneider: Das Ende eines Jahrhundertmythos? / Eine Bilanz des Staatssozialismus, Köln 1992.

19   Friedrich Engels am 12. März 1881 an Eduard Bernstein.

20   Karl Marx, Friedrich Engels: Ausgewählte Schriften in zwei Bänden, Band 1, Berlin 1985, S. 600ff. Engels schrieb den Artikel „Von der Autorität" 1872 für die Zeitschrift *Almanacco Republicano*.

21   Ebd., S. 453.

22   In der Einleitung zu einer Neuausgabe von Marx' Schrift „Die Klassenkämpfe in Frankreich 1848 – 1850". Der Text verkündet in deutlicher Selbstrevision die Abkehr vom historisch gescheiterten Konzept der „Minoritätsrevolution", der „Rebellion alten Stils": „Das Höchste, wozu es die Insurrektion in wirklich taktischer Aktion bringen

kann", erklärt der Militärfachmann Engels hier, sei „die kunstgerechte Anlage und Verteidigung einer einzelnen Barrikade." „Die Zeit der Überrumpelungen, der von kleinen bewußten Minoritäten an der Spitze bewußtloser Massen durchgeführten Revolutionen" sei vorbei; worauf es nach dem Beispiel der deutschen Sozialdemokratie ankäme, seien „langsame Arbeit der Propaganda und parlamentarische Tätigkeit". Daneben bleibe „das Recht auf Revolution" bestehen; es sei „ja überhaupt das einzige *wirklich* ‚historische Recht', das einzige, worauf alle modernen Staaten ohne Ausnahme beruhen" (ebd., S. 120ff.).

23   Karl Marx, Friedrich Engels: Ausgewählte Schriften in sechs Bänden, Band I, Berlin 1988, S. 437. In den Ende März 1848 verfaßten „Forderungen der Kommunistischen Partei in Deutschland" (ebd., S. 464 – 468) ist immer wieder von Staatseigentum die Rede; in den zu errichtenden Nationalwerkstatten garantiert „der Staat allen Arbeitern ihre Existenz und versorgt die zur Arbeit Unfähigen". Daß die „Besoldung sämtlicher Staatsbeamten" sich nicht von der aller andern Arbeiter unterscheidet, soll beide Schichten füreinander durchlässig machen. Eine Trennung zwischen Binnen- und Außenwährung – die erstere Papiergeld, die letztere konvertibel, da auf Gold und Silber beruhend – verfügt Abschnitt 10 und nimmt damit die Währungspolitik des späteren Staatssozialismus vorweg. Die Armeen denken sich die Autoren in Abschnitt 4 als „Arbeiter-Armeen, so daß das Heer nicht bloß, wie früher, verzehrt, sondern noch mehr produziert, als seine Unterhaltungskosten betragen"; sie fügen hinzu: „Dies ist außerdem ein Mittel zu Organisation der Arbeit." „In einem historischen Moment, der sie zur Konkretisierung ihres politisch-ökonomischen Wollens zwingt, entfalten Marx und Engels mit aller Klarheit das Programm eines staatsmonopolistischen Sozialismus." (F. Dieckmann: Glockenläuten und offene Fragen, Frankfurt am Main 1991, S. 321.)

24   Stephan Hermlin: Abendlicht, Leipzig 1981, S. 22f.

25   MEW 26/2, S. 111.

26   Das Gedicht heißt „An Suleika". Vgl. Friedrich Dieckmann: Glockenläuten und offene Fragen, Frankfurt am Main 1991, S. 315f.

27   Karl Marx, Friedrich Engels (s. Anm. 23), Band IV, S. 388.

28   Engels setzt „erleiden", wo Marx „untergehn" schreibt und wohl „untergehn lassen" meint. 29 Karl Marx, Friedrich Engels (s. Anm. 23), Band IV, S. 397.

29   Karl Marx, Friedrich Engels (s. Anm. 23), Band IV, S. 397.

30   Ernst Bloch: Das Prinzip Hoffnung, Band 1, Frankfurt am Main 1959, S. 725.

31   Ebd., S. 647. Vgl. F. Dieckmann: Philosophie der Wirtschaft, Wirtschaft der Philosophie, in: *der blaue reiter*, Heft 30/2010, S. 7.

32   *Die Tat*, Dezember 1911, S. 507 – 511.

33   Siehe S. 126 dieses Buches.

34   Vgl. Hannah Arendt: Elemente und Ursprünge totaler Herrschaft, a.a.O., S. 816ff.

35   Friedrich Dieckmann: Meldungen vom Tage / Lyrische Notizen, Berlin 2009, S. 48.

36   Goethe: Faust II, Erster Akt, V. 5582.

37   Frank A. Meyer: Die dritte Kategorie, *Cicero*, Heft 8/2011, S. 39.

38   Siehe S. 99 dieses Buches.

39   Karl Marx: Grundrisse der Kritik der politischen Ökonomie, MEW 42, S. 438. (F.D.)

40   Karl Marx: Das Kapital / Kritik der Politischen Ökonomie, herausgegeben von Friedrich Engels, Erster Band, Berlin 1957 (unveränderter Nachdruck der Ausgabe des Marx-Engels-Instituts Moskau 1932; 1. Auflage Berlin 1947), 5. Kapitel, S. 202. Alle folgenden Zitate aus „Das Kapital", Bd. 1, folgen dieser von Adolf Dresen benutzten Ausgabe und ihren Hervorhebungen.

41   Karl Marx: Zur Kritik der Politischen Ökonomie, Erstes Kapitel; in: Karl Marx, Friedrich Engels, „Werke", Band 13, ed. Institut für Marxismus-Leninismus beim ZK der SED, Berlin (DDR) 1961, S. 47. Alle folgenden Zitate aus dieser von Adolf Dresen benutzten Ausgabe entsprechend: MEW 13, S. 47. (F.D.)

42 Hier enthält die von A. D. benutzte Volksausgabe des „Kapital" eine Kürzung. (F.D.)
43 Das Kapital, Bd. 1, 14. Kapitel, S. 534f.
44 Ebd., 8. Kapitel, S. 243.
45 Ebd., S. 243.
46 Ebd., 8. Kapitel, S. 240.
47 Grundrisse der Kritik der politischen Ökonomie, MEW 42, S. 727.
48 Karl Marx: Das Kapital, Bd. 1, 15. Kapitel, S. 544. Vgl. auch die Fußnote von Friedrich Engels zu: Karl Marx, „Das Elend der Philosophie", Erstes Kapitel, § 2 (MEW 4, S. 83).
49 Karl Marx: Zur Kritik der politischen Ökonomie, Erstes Kapitel (MEW 13, S. 18).
50 Ebd., S. 17.
51 Das Kapital, Bd. 1,1. Kapitel, S. 51.
52 Ebd., 10. Kapitel, S. 332.
53 Ebd., 14. Kapitel, S. 536.
54 Ebd., S. 536f.
55 Ebd., S. 534f. (F.D.)
56 Friedrich Hölderlin: Hyperion oder Der Eremit in Griechenland, Zweiter Band, Zweites Buch, Siebenter Brief. (F.D.)
57 Ebd., 1. Kapitel, S. 46.
58 Ebd., 14. Kapitel, S. 533.
59 Ebd., 12. Kapitel, S. 372.
60 Vgl. S. 55 in diesem Band.
61 Das Kapital, Bd. 1, 11. Kapitel, S. 346.
62 Ebd., S. 347.
63 Ebd., S. 349.
64 Ebd., S. 349.
65 Ebd., S. 350.
66 Ebd., S. 350.
67 MEW 23, S. 155.
68 Das Kapital, Bd. 1, 12. Kapitel, S. 376.
69 Ebd., S. 186.
70 G.W.F. Hegel: Vorlesungen über die Philosophie der Weltgeschichte, Bd. 2, S. 167.
71 Grundrisse der Kritik der politischen Ökonomie, MEW 42, S. 41ff.
72 Karl Marx: Ökonomische Exzerpte, S. 577. (Vermutlich die Ökonomisch-philosophischen Manuskripte aus dem Jahr 1844, MEW 40, F.D.)
73 Das Kapital, Bd. 1, 12. Kapitel, S. 374.
74 K bedeutet hier Kapital, nicht Konsumtion, wie auf S. 49. (F.D.)
75 Das Kapital, Bd. 3, S. 47 bzw. 282.
76 Das Kapital, Bd. 1, 5. Kapitel, S. 203.
77 Ebd., S. 753.
78 Ebd., 12. Kapitel, S. 374.
79 MEW 4, S. 151, hier zitiert in Marx' eigener Übersetzung aus seiner Schrift „Misère de la Philosophie" (1847), in: Das Kapital, Bd. 1, S. 374, Fußnote.
80 „Die Ware ist […] ein Ding, das durch seine Eigenschaften menschliche Bedürfnisse irgendeiner Art befriedigt." (Das Kapital, Bd. 1, 1. Kapitel, S. 39).
81 Ebd., S. 39.
82 Marx: Ökonomische Exzerpte, S. 530.
83 Ebd., S. 531.
84 MEW 4, S. 75.
85 Das Kapital, Bd. 3, MEW 25, S. 888.
86 Ebd., S. 887.
87 Das Kapital, Bd. 1, 12. Kapitel, S. 374f.
88 Das Kapital, Bd. 3, MEW 25, S. 839.

89 Das Kapital, Bd. 1, S. 243.
90 Das Kapital, Bd. 3, MEW 25, S. 275.
91 Engels: Umrisse einer Kritik der Nationalökonomie (1844), S. 513.
92 Vgl. Milovan Djilas: Die Neue Klasse, S. 20.
93 MEW 13, S. 9.
94 Manifest der Kommunistischen Partei, MEW 4, S. 462.
95 MEW 13, S. 9.
96 Den Passus „der bürgerlichen Zivilisation und" haben Marx und Engels in den späteren Editionen des Manifests (1872 und 1883) gestrichen. (F.D.)
97 Manifest der Kommunistischen Partei, MEW 4, S.468.
98 Grundrisse der Kritik der politischen Ökonomie, MEW 42.
99 Ebd., S. 413.
100 Ebd.
101 Ebd., S. 426.
102 Ebd., S. 437.
103 Lenin: Werke, Bd. 27, S. 332.
104 MEW 3, S. 32.
105 Manifest der Kommunistischen Partei, MEW 4, S. 465.
106 Grundrisse der Kritik der politischen Ökonomie, MEW 42, S. 273.
107 Ebd., S. 658.
108 Ebd., S. 680.
109 Ebd., S. 661.
110 Ebd., S. 658.
111 Das Kapital, Bd. 3, MEW 25, S. 245.
112 Grundrisse, a.a.O., S. 619.
113 Das Kapital, Bd. 3, MEW 25, S. 231.
114 Ebd., S. 238.
115 Grundrisse, a.a.O., S. 232f.
116 Das Kapital, Bd. 1, S. 444f.
117 Grundrisse, a.a.O., S. 232.
118 Ebd., S. 619.
119 Das Kapital, Bd. 3, S. MEW 25, S. 260.
120 Ebd., S. 277.
121 Ökonomisch-Philosophische Manuskripte, S. 536.
122 G.W.F. Hegel: Vorlesungen über die Philosophie der Weltgeschichte, Bd. 1, S. 57f.
123 „Die Aneignung des entfremdeten Gegenständlichen Wesens oder die Aufhebung der Gegenständlichkeit unter der Bestimmung der Entfremdung ... hat für Hegel ... hauptsächlich die Bedeutung, die *Gegenständlichkeit* aufzuheben, weil nicht der *bestimmte* Charakter des Gegenstands, sondern sein *gegenständlicher* Charakter für das Selbstbewußtsein das Anstößige und die Entfremdung ist". (MEW, Ergänzungsbd. 1, S. 579f.)
124 Ebd., S. 539f.
125 Ebd., S. 533.
126 MEW 3, S. 31f.
127 MEW 1, S. 391.
128 Das Kapital, Bd. 1, S. 85.
129 MEW 3, S. 70.
130 Engels: Antidühring, Berlin 1959, S. 351.
131 G.W.F. Hegel: Vorlesungen über die Philosophie der Weltgeschichte, Bd. 4, S. 926.
132 Vgl. Genesis, Bd. 1, S. 28.
133 Das Kapital, Bd. 3, MEW 25, S. 828.
134 Vgl. Hegedüs-Markus: Die Wahl von Alternativen und Werten in der Perspektivplanung von Distribution und Konsumtion, 1969. (Die Angabe konnte nicht präzisiert werden. F.D.)

135 MEW, Ergänzungsbd. 1, S. 574.
136 Vgl. Bakunin: Staatlichkeit und Anarchie, 1873.
137 Lenin: Werke, Bd. 33, S. 466.
138 Das Kapital, Bd. 3, MEW 25, S. 829.
139 Krieg aller gegen alle (Thomas Hobbes: De cive, 1642). (F.D.)
140 Sigmund Freud: Das Unbehagen an der Kultur.
141 Jean-Jacques Rousseau: Der Gesellschaftsvertrag, 7. Kapitel.
142 Maximilien Robespierre, Rede vom 5. Februar 1794.
143 G.W.F. Hegel: Grundlinien der Philosophie des Rechts, S. 52.
144 Ebd., § 7, Zusatz.
145 Ebd., § 260.
146 MEW 3, S. 74.
147 Baruch Spinoza: Briefe.
148 G.W.F. Hegel: Grundlinien der Philosophie des Rechts, S. 51.
149 G.W.F. Hegel: Einleitung in die Geschichte der Philosophie, S. 84.
150 MEW 20, S. 264.
151 Ebd., S. 106.
152 Hier klafft in der Abschrift eine Lücke bis zum Zeilenende, vermutlich auch im Manuskript. (F.D.)
153 In der Abschrift: „im allgemeinen", danach Lücke im Umfang eines Wortes.(F.D.)
154 Nichts ist im Geist, was nicht zuvor in den Sinnen war. (F.D.)
155 Nichts ist in den Sinnen, was nicht zuvor im Geist war. (F.D.)
156 G.W.F. Hegel: Wissenschaft der Logik, Bd. 2, § 226.
157 Des Jahres 1900 (F.D.).
158 G.W.F Hegel: Encyclopädie der philosophischen Wissenschaften, S. 359.
159 Vers aus Schillers Lied „An die Freude" (F.D.).
160 Vgl. Alexander Mitscherlich: Die Unfähigkeit zu trauern / Grundlagen kollektiven Verhaltens (1967, mit Margarete Mitscherlich).
161 Die die Tschechoslowakei im August 1968 besetzende sowjetische Armee hatte mit der Trotzkischen Partisanenarmee nichts mehr gemein. (F.D.)
162 Karl Marx: Der 18. Brumaire des Louis Bonaparte, MEW 8, S. 227.
163 Ebd., Vorrede, S. 223.
164 Übersetzt von Karl Marx, MEW 16, S. 603ff.
165 Der Hinweis „Rom" deutet auf den Eurokommunismus, mit dem die Kommunistische Partei Italiens ebenso wie die spanischen und die französischen Kommunisten um 1975 vom sowjetischen Marxismus-Leninismus abrückten. (F.D.)
166 Zusammen mit einer eingehenden Zusammenfassung der Bahroschen Schrift, die in der Buchfassung (Europäische Verlagsanstalt Köln/Frankfurt am Main 1977) den Titel „Die Alternative / Zur Kritik des real existierenden Sozialismus" trug, sandte Adolf Dresen diesen Text Anfang Februar 1976 an seinen Leipziger Freund Dr. Helmut Warmbier, dessen Post – er war zwei Jahre vorher von der Leipziger Universität entlassen worden – überwacht wurde. Beide Texte fielen in die Hand des Ministeriums für Staatssicherheit, das daraufhin Dresens Überwachung anordnete; Warmbier wurde im September 1977 verhaftet (vgl. den Beitrag von Maik Hamburger, S. 128 – 135 dieses Buches). Textgrundlage sind die Seiten 12 – 18 des vom MfS beschlagnahmten Durchschlags des Dresenschen Typoskripts in einer Kopie der Bundesbehörde für die Aufarbeitung der Unterlagen des DDR-Ministeriums für Staatssicherheit. Die Seiten 1 – 12 enthalten Dresens Inhaltsangabe des Bahroschen Manuskripts.
167 Hier fehlt offenbar ein Wort.
168 Typoskript des DDR-Ministeriums für Staatssicherheit. Wiedergabe nach der Kopie der Bundesbehörde für deren Unterlagen. Ohne Datum und Verfasserangabe.
169 Dresen hatte die verbliebenen Exemplare seiner „Kritik" mit nach Wien bzw. Frankfurt am Main genommen und sandte eins davon – oder eine Kopie – an Rudolf Bahro,

der antwortete, er könne sich nicht mehr dazu bringen, sich mit Marx zu befassen. Diese beiden berufenen Gesprächspartner sind, wie im Osten, so auch im Westen nicht zueinander gekommen. Textgrundlage ist die Wiedergabe des Briefes in dem Buch: Adolf Dresen, „Wieviel Freiheit braucht die Kunst? / Reden Briefe Verse Spiele 1964 – 1999", ed. Maik Hamburger, Berlin 2000, S. 216f.

170 Diese Vorbemerkung Dresens galt dem Teilabdruck einer Vorfassung seiner Schrift „Zur Kritik der Marxschen Ökonomie" in dem von Maik Hamburger herausgegebenen Band: Adolf Dresen, „Wieviel Freiheit braucht die Kunst?", *Theater der Zeit* und Literaturforum im Brecht-Haus, Berlin 2000, S. 144–158. Sie war sein letztes Wort zu dem dort behandelten Fragenkomplex.

171 Es handelt sich um den Entwurf eines Diskussionsbeitrags, den Adolf Dresen auf einer Veranstaltung des Theaterverbands der DDR zum 25. Jahrestag der Staatsgrundung vortragen wollte; im Oktober sagte er seine Teilnahme ab. Die Wiedergabe des Textes beruht auf dem Originaltyposkript des Autors (zwei engbeschriebene Seiten) und trägt die Überschrift „Disk. Im Th.Verband zum 25. Jahrestag". Am Ende steht das Datum „10.9.74".

172 Auf deutsch: Nützen und erfreuen, das Nützliche mit dem Angenehmen. Dresen zieht hier zwei Worte des Horaz ineinander: „Aut prodesse volunt aut delectare poetae" (Die Dichter wollen entweder nützen oder erfreuen), von Goethe umgewandelt in: „Et prodesse et delectare" (sowohl nützen wie erfreuen), und: „Omne tulit punctum, qui miscuit utile dulci" (Wer das Nützliche mit dem Angenehmen verbindet, gewinnt den Beifall aller).

173 Textgrundlage ist der von Adolf Dresen signierte Durchschlag des Briefes, dem die Absage seiner Rede im Theaterverband zum 25. Jahrestag der DDR vorangegangen war. Der Adressat war offenbar ein Funktionär des Theaterverbands.

174 Der Satz: „Die Losung der Klassik gilt noch immer: Wir werden ein nationales Theater haben oder keines" war der letzte Satz des ersten Textes der „Theaterarbeit" (Dresden 1952), den Brecht einer Rede entnommen hatte, die er im Mai 1951 „auf dem gesamtdeutschen Kulturkongreß in Leipzig" gehalten hatte.

175 Dresen hatte bei Hans Mayer an der Leipziger Universität in den Jahren 1953–1959 Germanistik studiert und bei ihm das Staatsexamen abgelegt. Textgrundlage ist die Wiedergabe des Briefes in: Adolf Dresen, „Wieviel Freiheit braucht die Kunst?", Berlin 2000, S. 266–269.

176 Es handelt sich um das Stück „Der Müll, die Stadt und der Tod" von Rainer Werner Fassbinder (1946–1982), dessen intendierte Uraufführung auf den erbitterten Widerstand der Jüdischen Gemeinde in Frankfurt am Main gestoßen war. Den Text des Stückes aus dem Jahre 1975 und Informationen zur Aufführungsgeschichte enthält der Band: Rainer Werner Fassbinder, „Der Müll, die Stadt und der Tod / Nur eine Scheibe Brot", Verlag der Autoren, Frankfurt am Main 1998.

177 Nach Brechts Gedicht „Legende von der Entstehung des Buches Taoteking auf dem Weg des Laotse in die Emigration".

178 F. Dieckmann: Wieder mal im „Faust", *Theater der Zeit* Heft 2/1969, auch in: F. D., „Streifzüge", Berlin 1977, S. 133–140.

179 Eine Vorstufe unter dem Titel „Technische und soziale Revolution" ist in dem Band Adolf Dresen: Wieviel Freiheit braucht die Kunst? / Reden Briefe Verse Spiele, ed. Maik Hamburger, Berlin 2000, enthalten (S. 144–159).

180 Es handelte sich um die C96 der Firma Mauser in Oberndorf.

181 Maik Hamburger, damals freier Mitarbeiter des Theaters, hat alle diese Vorgänge nach Mitteilungen von Meves 1973 aufgeschrieben und diesen Bericht 1991 in der Zeitschrift *Theater der Zeit* veröffentlicht (Maik Hamburger: M in M mit M's M, *Theater der Zeit,* Heft 11/1991, S.14–16).

182 Heiner Müller: Mauser, in: Heiner Müller, „Werke 4, Die Stücke 2", ed. Frank Hörnigk, Frankfurt am Main 2001, S. 245–260.

183 Maik Hamburger (s. Anm. 181), S. 16.

184 Meves (1933 – 2011) war, wie auf Müller, Dresen, Dieckmann, auch auf Volker Braun angesetzt, dem er den Stoff für die Erzählung „Unvollendete Geschichte" mitteilte; an deren Veröffentlichung in der Zeitschrift *Sinn und Form* sich 1975 ein veritabler Literaturskandal heftete; die auf die Machenschaften der Staatssicherheitsorgane deutende Erzählung lag wie ein Wackerstein im Magen der Monopolpartei. Der Autor hat den besonderen Hintergrund der Stoffgeschichte in den neunziger Jahren stufenweise erfahren und mitgeteilt („Das Ende der ‚Unvollendeten Geschichte'", *Sinn und Form* 1996/4, und „Es bleibt die Unvollendete Geschichte", *Sinn und Form* 1997/1). Meves wurde 1976 Regisseur an dem neuen *Theater im Palast* in Berlin und Chefregisseur beim *Palast des Republik*, er scheiterte an der Volksbühne mit dem Versuch, „Arturo Ui" zu inszenieren, und wirkte dann als Lehrkraft an der Berliner Schauspielschule. (Vgl. Martin Linzer: Der rebellische Patient / Zum Tod des ehemaligen Magdeburger Intendanten und Professors der Berliner Ernst-Busch-Schule Hans-Diether Meves, *Theater der Zeit*, Heft 2/2011.)

185 Heiner Müller: Krieg ohne Schlacht, Köln 1992, S. 176f. Die Information über dieses Autodafé hatte Müller von Meves.

186 Als Agent wurde er inzwischen von der Berliner Bezirksbehörde geführt, die ihn Ende 1986 für die „gute operative Arbeit bei der Aufklärung von Reisekadern der Hochschule" belobigte. Im folgenden Jahr erhielt er eine Prämie in Höhe von 500 Mark „für Schulungsarbeiten in der H{aupt}A{bteilung} VIII (Zyklus Verhalten bei Beobachtungen')".

187 *Sinn und Form*, Heft 4/1980 (W. Ruge) und Heft 4/1981 (K. Pätzold). Es ging um einen eingehenden Kommentar zu Thomas Manns Tagebüchern der Jahre 1932/33, der in zwei Teilen unter dem Titel „Thomas Mann nach Hitlers Machtantritt" in der Zeitschrift *Sinn und Form* (1980, Heft 1 und 2) erschienen war. Die Attacke von Wolfgang Ruge, Direktor eines Geschichtsinstituts der Akademie der Wissenschaften der DDR, bezichtigte den Autor, der beiläufig die Mitschuld der KPD am Untergang der Weimarer Republik in Sicht gebracht hatte, „Sumpfblüten … auf dem morastigen Boden bürgerlicher Geschichtsfälschungen" zu treiben, eine Unterstellung, gegen die der Verfasser bei der Redaktion eine Erwiderung durchsetzen konnte, gegen die sich ein Jahr später abermals die Stimme der Partei erhob.

188 Auf diese Unterscheidung läuft auch die „Einschätzung" des unbekannten Gutachters hinaus (S. 97f. dieses Buches), der zu dem Schluß kommt, die „Verbreitung dieser Kritik unter Bürgern der DDR ist geeignet, die staatliche, politischen, ökonomischen Verhältnisse der DDR zu diskriminieren", während „die Ausarbeitung dieser Kritik" nicht unter den § 106 des Strafgesetzbuches falle.

189 *Einen Fleischergang tun*, redensartlich für vergebliche Wege, wie sie die Fleischer oft machten, wenn sie über Land gingen, um bei den Bauern oder auf dem Markt Schlachtvieh einzukaufen. Seit dem 18. Jahrhundert bezeugt, oberdeutsch als Metzgergang. (F.D.)

190 Nach Adolf Dresen: Wieviel Freiheit braucht die Kunst?, ed. Maik Hamburger, Berlin 2000, S. 282ff.

191 Ebd., S. 385 – 389 (dort mit näheren Angaben).

192 Ebd., S. 390 – 393 (dort mit näheren Angaben).

Foto: Christine Dieckmann

Friedrich Dieckmann (geb. 1937), Schriftsteller und Publizist, lebt in Berlin-Treptow. 1972–1976 Dramaturg am Berliner Ensemble. Mitglied der Sächsischen Akademie der Künste, der Deutschen Akademie für Sprache und Dichtung und der Akademie der Künste in Berlin. 1983 Heinrich-Mann-Preis, 2001 Johann-Heinrich-Merck-Preis. Dr. phil. h.c. der Humboldt-Universität zu Berlin.

Buchveröffentlichungen (Auswahl):
Karl von Appens Bühnenbilder am Berliner Ensemble (Berlin1971)
Streifzüge / Aufsätze und Kritiken (Berlin 1977)
Theaterbilder / Studien und Berichte (Berlin 1979)
Richard Wagner in Venedig / Eine Collage (Leipzig 1983)
Die Geschichte Don Giovannis (Frankfurt am Main und Leipzig 1991)
Temperatursprung / Deutsche Verhältnisse (Frankfurt am Main 1995)
Der Irrtum des Verschwindens / Zeit- und Ortsbestimmungen (Leipzig 1996)
Franz Schubert / Eine Annäherung (Frankfurt am Main und Leipzig 1996)
Die Freiheit ein Augenblick / Texte aus vier Jahrzehnten (Berlin 2002)
Was ist deutsch? / Eine Nationalerkundung (Frankfurt am Main 2003)
Wer war Brecht? / Erkundungen und Erörterungen (Berlin 2003)
„Diesen Kuß der ganzen Welt!" / Der junge Mann Schiller (Frankfurt am Main und Leipzig 2005)
Bilder aus Bayreuth / Festspielberichte 1977–2006 (Berlin 2007)
Meldungen vom Tage / Lyrische Notizen (Berlin 2009)
Deutsche Daten oder Der lange Weg zum Frieden (Göttingen 2009)
„Freiheit ist nur in dem Reich der Träume" / Schillers Jahrhundertwende (Frankfurt am Main und Leipzig 2009)

Adolf Dresen
Siegfrieds Vergessen
Kultur zwischen Konsens und Konflikt

2. Auflage
280 Seiten, Broschur
ISBN 978-3-86153-041-1
29,90 € (D); 30,80 € (A); 41,90 sFr (UVP)

Adolf Dresens kluge Theateressays liegen nach vielen Jahren nun in 2., durchgesehener Auflage wieder vor. Darin behandelt er nicht nur Wagners »Ring« und Goethes große Bühnenwerke, sondern reflektiert auch die heutige Aufführungspraxis alter Stücke und Probleme bei der Schauspielausbildung.
Die Presse war bei der Erstauflage des Lobes voll. In der Berliner Zeitung hieß es: »Der Leser hat Genuss an unerschrockener Analyse, die sich weder von gängigen Trends noch von aufsehenerregenden Moden beeindrucken läßt. Was zählt, ist die Suche nach Wahrheit – aufgeschrieben mit Witz, Geist und sprachlicher Präzision, so dass sich die meisten Denkergebnisse wie Aphorismen lesen.«
Und die Märkische Allgemeine meinte: »Immer spürt man die Originalität eines Denkens, das im östlichen Deutschland wurzelt und westliche Erfahrungen verarbeitet hat. Für die Grenzgänger von heute ist das Buch ein unentbehrlicher Führer durch zwei Kulturen.«

Zu beziehen über den Buchhandel oder portofrei über
www.christoph-links-verlag.de bzw. Tel.: (030) 44 02 32-12
Ch. Links Verlag, Schönhauser Allee 36, 10435 Berlin

RECHERCHEN

Recherchen 3

Adolf Dresen
**Wieviel Freiheit braucht
die Kunst?**
Reden Briefe Verse Spiele

Herausgegeben von
Maik Hamburger

Broschur mit 398 Seiten
Format: 140 x 240 mm
ISBN 978-3-934344-00-6
EUR 16,50

Der Theater- und Opernregisseur Adolf Dresen hat in jeder
Phase seines Schaffens die Gemüter erhitzt, ob in den
Sechzigern mit dem „Faust" am Deutschen Theater in Ost-
Berlin, ob in den Neunzigern mit dem „Ring" an der Wiener Staatsoper. Parallel zu den Regiearbeiten entstanden
in erstaunlicher Fülle und Vielfalt Texte, von denen viele bis
jetzt nicht veröffentlicht wurden. Neben grundsätzlichen
Essays zu philosophischen, kulturpolitischen und theater-
ästhetischen Fragestellungen sind eigenwillige Interpre-
tationen von Theaterstücken und Opern sowie weiter-
führende Überlegungen zu beiden Kunstformen zu lesen.
Die politisch-künstlerische Konfrontation, in die Dresen sowohl in der DDR wie auch im Westen geriet, werden durch
Briefe und Statements dokumentiert.

Erhältlich in Ihrer Buchhandlung oder portofrei unter
www.theaterderzeit.de

Theater der Zeit